네 믿음은 어디 있느냐

Originally published in English under the title of

## FAITH BEYOND REASON

by A.W. Tozer

Copyright ⓒ 1989 by Zur Ltd.
Published by WingSpread Publishers,
a division of Zur Ltd.,
3825 Hartzdale Drive, Camp Hill, PA 17011, U.S.A.
All rights reserved.
Korean Translation Copyright ⓒ 2009 by Kyujang Publishing Company

본 저작물의 한국어판 저작권은 WingSpread Publishers사와
독점 계약한 규장이 소유합니다.
저작권법에 의하여 한국 내에서 보호를 받는 저작물이므로
무단 전재와 무단 복제를 금합니다.

### A. W. 토저 마이티 시리즈(A. W. TOZER Mighty Series)

토저는 교인수의 성장을 위해서라면 대중의 인기에 야합하고, 거대 기업의 경영방식을 무차별 차용하고, 할리우드 엔터테인먼트 방식을 예배에 도입하는 것에 대해 통렬한 비판을 가하였다. 그는 현대의 교회가 물량적 성장을 위해서라면 교회의 순결성을 포기하는 듯한 자세를 보일 때는 그것을 좌시하지 않고 언제나 선지자의 음성을 발하였다. 듣든지 안 듣든지 이스라엘 교회의 세속화를 준열히 책망했던 예레미야처럼, 토저도 시대에 아부하지 않고 하나님교회의 순정성(純正性)을 파수하기 위해 '강력한'(Mighty) 말씀을 선포했다. 그래서 토저는 '이 시대의 선지자'라는 평판을 들었다. 토저가 신앙의 개혁을 위해 외쳤던 뜨겁고 강력한 메시지를 이 시대의 우리도 들어야 한다. 말씀과 성령에 의한 개혁이 절실히 필요한 이때, 규장에서 토저의 강력한(Mighty) 메시지들을 'A. W. 토저 마이티(Mighty) 시리즈'로 출간한다.

"토저의 설교는 설교단에서 발사되어 청중의 마음을 관통하는 레이저 광선과 같다." - 워런 위어스비

# 네 믿음은 어디 있느냐

A. W. 토저 지음 | 이용복 옮김

규장

| 한국어판 편집자의 글 |

# 내 믿음은
## 예수님이 인정하시는 믿음인가?

"미국이 기침 한 번 하면 한국은 독감에 걸린다"라는 우스갯소리가 있다. 미국에서 민주당의 오바마로 정권 교체가 되니 한국은 비상이 걸렸다. 오바마와 끈이 닿는 사람이 있는지 물색하느라 여념이 없었다고 한다. 미국이 우리나라처럼 동창 인맥의 사회가 아닌데도 지푸라기라도 붙잡는 심정으로 오바마와 같은 하버드 출신 한국인 동문들을 수소문했다고 한다. 그런 가운데 작은 인연의 끈이라도 붙잡으면서 자신이 오바마를 잘 안다고 나서는 사람들이 꽤 많이 나왔다고 한다.

이렇게 자칭 오바마를 잘 안다는 사람들에게 나는 묻고 싶다.

"당신은 오바마를 잘 안다고 생각하지만, 오바마도 당신을 잘 안다고 인정할까?"

이것은 우리의 믿음생활에서도 마찬가지이다.

나는 예수님을 잘 안다고 생각하지만 예수님도 나를 잘 안다고 인정해주실까?

나의 인정이 중요한 것이 아니라 예수님의 인정이 중요한 것이다. 나 스스로 내가 믿음 좋다고 자부하는 것이 중요한 것이 아니라, 예수님이 내 믿음을 인정해주시는 것이 중요하다. 내 믿음이 좋다고 자족하고 있다가 심판대 앞에서 청천벽력 같은 예수님의 평가를 들을 수 있다.

"내가 너희를 도무지 알지 못하니 … 내게서 떠나가라"(마 7:23).

### 짝퉁 믿음에 현혹되지 말라!

사람들이 인정하는 믿음과 주님이 인정하시는 믿음은 많이 다르다. 사람은 외모(겉믿음)를 취하나 하나님은 중심(속믿음)을 보신다. 불꽃같은 눈으로 믿음의 진실성 여부를 판가름하시는 주님은 이렇게 말씀하셨다.

"인자가 올 때에 세상에서 믿음을 보겠느냐"(눅 18:8).

세상 끝 날이 가까워올수록 세상에는 가짜 믿음이 득세하고 참 믿음은 보기 힘들게 된다는 예수님의 엄밀한 진단이다. 믿음 아닌 것이 믿음처럼 행세하고 참 믿음을 누르고 핍박한다. 세상과 타협하기를 거부하는 이 시대의 선지자 토저는 사이비 믿음, 가라지 믿음을 거침없이 고발하며 우리에게 참 믿음을 가질 것을 역설한다. 짝퉁 믿음이 겉보기에는 보암직하고 먹음직하고 지혜롭게 할 만큼 탐스럽기도 할 것이다. 그러나 그것을 덥석 집어먹는 날에는 우리 영혼을 병들게 하고 죽게 만들 것이다. 우리는 '대가를 치르지 않는' 값싼 은혜의 짝퉁 믿음에 속아 넘어가서는 안 된다.

**당신은 이 시대의 제자인가, 그리스도의 제자인가?**

토저는 거짓 믿음에 대조되는 참 믿음에 대해 이렇게 말한다.

"참 믿음은 수동적인 것도 아니요, 솜사탕처럼 살살 녹는 것도 아니다. 참 믿음은 먹기 좋게 한입에 쏙 들어가는 말랑말랑한 믿음이 아니다. 그것은 질긴 고기이다. 어느 정도 질기냐 하면 하나님께서 지금 우리에게 모든 것을 바치라고 요구하실 정도로 질긴 것이다."

또한 토저는 그리스도의 진실한 제자는 어떤 믿음을 발휘하는지에 대해 명확히 언급한다.

"어디에 있든지 우리는 그리스도의 제자이어야 한다. 다이아몬드는 상황에 따라 변하지 않고 언제나 다이아몬드이다. 이와 마찬가지로 그리스도인은 언제나 그리스도인이어야 한다. 기회를 봐서 적당한 때에만 신앙으로 사는 사람은 그리스도인이 아니다. 복 받으러 교회에 가는 사람은 그리스도인이 아니다. 온전히 그리스도의 소유가 되지 않은 사람은 그리스도인이 아니다. '돌아가지 못할 선'을 넘지 않은 사람은 그리스도인이 아니다. 철에 따라 교회에 오는 사람은 그리스도인이 아니다.

비가 오나 눈이 오나 교회에 나오는 사람이 그리스도인이다. 이런 사람이 그리스도인이라고 주님이 말씀하신다. 그리스도를 알기 위해 예수님 뒤를 바짝 따라다니는 사람이 제자이다."

오늘 우리는 핍박이 없는 안온한 시대에 교회에서 영적 상품을 구매하는 고객 대접을 받는 가운데 심히 건방져졌고, 온실 속의 화초처럼 나약한 존재로 길들여졌다.

우리는 그 교회에 성령님이 계신지 묻지 않고 전용 주차장이 있는지를 먼저 묻는다. 목사님 설교에 불이 있는지를 묻지 않고, 외국에서 받은 학위가 있는지를 묻는다. 이런 가운데 교회에 나가주고, 예수 믿어주고, 헌금 드려준다는 사람들이 늘고 있다.

이런 불신앙과 사이비 신앙의 풍조에 대해 토저는 불의 메시지를 토한다. 거짓 믿음을 버리고 참 믿음을 회복하라고. 믿음이 없으면 하나님을 기쁘시게 못한다고. 오늘 토저의 사자후

(獅子吼)가 '소멸하는 불이신 하나님'(히 12:29) 앞에 우리의 믿음을 비추어 보게 할 것이다. 이제 광야의 소리, 토저의 거침없는 육성(肉聲)을 들어보라!

규장 편집국장 김응국 목사

한국어판 편집자의 글

# 1부 네 믿음을 확증하라

chapter 01 진짜 거듭났다면 거듭난 자의 믿음을 보이라 **15**

chapter 02 사람의 지혜가 아닌
하나님의 능력으로써 진리를 알라 **37**

chapter 03 하나님을 구명조끼로 취급하는
저급한 신앙에서 벗어나라 **62**

chapter 04 언제까지 카멜레온 제자처럼
환경에 따라 믿을 것인가? **87**

CONTENTS
# 차례

## 2부 네 믿음의 선한 싸움을 싸우라

**chapter 05** 양심이라는 내면의 음성에 따를 때
　　　　　진리 안에서 자유롭다 **115**

**chapter 06** 하나님은 우리의 본성을 길들이지 않으시고
　　　　　완전히 새롭게 바꾸신다 **137**

**chapter 07** 내 자아가 그리스도와 충돌하여 참패당할 때
　　　　　예배가 회복된다 **160**

## 3부 네 믿음의 창시자요 완성자이신 예수를 바라보라

**chapter 08** 광야와 같이 거친 마음을
　　　　　하나님의 동산처럼 아름답게 가꾸라 **185**

**chapter 09** 주린 배뿐만 아니라 주린 영혼을 채워주시는
　　　　　예수님을 신뢰하라 **202**

**chapter 10** 하늘의 면류관과 아버지의 집을 사모하라 **226**

# 네 믿음을 확증하라

**FAITH *beyond* REASON** 하나님의 자녀가 되는 더 높은 권리를 얻었다고 믿는다면 그런 믿음대로 살아야 하는 것이 아닌가? 하늘의 사녀들이 땅과 세상과 육신의 자녀들처럼 행동하고 아담처럼 살면서 입으로는 하나님의 영에 의한 거듭남을 믿는다고 말하는 것을 볼 때, 우리는 마땅히 분개해야 한다. 이렇게 타락한 불법의 자녀들은 '그리스도인'이라 불릴 자격이 없다. 주님이 제시하시는 어떤 조건이라도 따르겠다는 의지가 있는 사람이 하나님의 자녀요, 그리스도를 믿는 신자이다.

P·A·R·T
01

chapter 01

# 진짜 거듭났다면
# 거듭난 자의 믿음을 보이라

'이럴까 저럴까 생각하다가 선심 쓰듯이 예수 그리스도를 영접한 자'는 거듭난 사람이 아니다. 거듭난 사람은 '전인격을 쏟아부어 적극적으로 예수를 붙잡은 자'이며, 모든 것을 잃는다 할지라도 주님을 붙잡겠다는 믿음을 갖고 있다.

### 왜 거듭남인가?

나는 폭발적 위력을 갖고 있는 성경말씀을 가지고 이야기를 시작하려고 한다. 실로 이 말씀은 눈에 보이지 않는 신기한 출생, 즉 신비로운 출생에 대해 증거한다. 우선 성경본문을 읽어 보자.

"자기 땅에 오매 자기 백성이 영접지 아니하였으나 영접하는 자 곧 그 이름을 믿는 자들에게는 하나님의 자녀가 되는 권세를 주셨으니 이는 혈통으로나 육정으로나 사람의 뜻으로 나지 아니하고 오직 하나님께로서 난 자들이니라"(요 1:11-13).

이런 본문을 제대로 다루려면 먼저 우리는 일부 사람들이 급진적인 것이라고 느끼는 것들에 대해 논의해야 한다. 하나님의 피조물이지만 하나님의 자녀가 아닌 사람들이 이 세상에 많다는 사실을 고려하지 않고는 이런 성경본문을 다룰 수 없다.

하나님께서 아버지이시고 사람들이 서로 형제라는 사실을 우리가 믿는다는 것을 전제하지 않으면 이런 성경본문을 다룰 수 없다(인내심을 갖고 내 말을 잘 들어서 하나님의 말씀이 이런 것에 대해 무엇이라고 가르치는지 보라).

하나님을 믿는다고 하는 많은 그리스도인들이 그리스도의 제자가 되기 위한 조건, 즉 그리스도를 위해 세상 모든 것에 등을 돌리라는 조건을 받아들이기를 거부한다는 사실을 고려하지 않는다면 이런 성경본문을 다룰 수 없다.

예수 그리스도를 주(主, Lord)와 구주(救主, Savior)로 받아들이는 것이 구주를 '집집마다 돌아다니는 세일즈맨'으로 여기는 수동적 영접이 아니라, 전인격을 쏟아붓는 적극적 영접이라는 사실에 대해 논의하지 않는다면 이런 성경본문을 다룰 수 없다.

기독교가 종교적 활동을 영성(靈性)의 확실한 증거로 계속 간주하다가는 결국 벽에 부딪히고 말 것이라는 경고에 귀를 기울이지 않는다면, 이런 성경본문에 대한 논의는 무의미하다.

우리가 방금 읽은 성경말씀에서 하나님은 '인간의 거듭남(중생)'에 대해 우리에게 말씀하신다. 이것은 매우 의미심장한 일이다. 이것은 하나님께서 '인간의 거듭남'에 대해 특별히 강조하여 말씀하시는 것인데, 하나님이 이렇게 말씀하시는 데는 그만한 이유가 충분히 있기 때문이다. 하나님이 행하시는 것은 언제나 생생한 것이요, 의미 있는 것이요, 지극히 중요한 것이다. 지구를 손안에 넣어 둥글게 만드시고, 태양을 하늘에서 빛나도록 배치하시고, 밤의 가장 먼 구석까지 별들을 흩으신 전능하신 하나님께서 왜 그토록 귀한 성경의 일부를 할애하여 '인간의 거듭남'에 대해 말씀하시는가?

### 차원이 다른 출생

이제 우리가 생각해봐야 할 사항이 많이 있는데, 대부분의 사람들은 인간의 출생이 아주 평범하고 지극히 흔한 일이라고 생각한다. 이 세상에는 날마다 수많은 아기들이 태어나기 때문에 인간의 출생이 어떤 특별한 일로 간주되지 않는다. 물론 그 아기들의 부모들과 가까운 친척들 및 친구들에게는 그것이 아주 대단한 사건이겠지만 말이다. 그런데 인간이 이 세상으로 들어오는 유일한 방법은 '태어나는 것'이다. 아기가 햇살을 타고 미끄러져 내려온다거나 황새의 날개에 실려 이 세상으로 온다는 것은 동화 속에서나 있을 수 있는 일이다. '태어난 경험'이 없는 사람은 우리 중에 아무도 없다.

우리 주 예수 그리스도는 현실을 가장 정확히 꿰뚫어 보는 선생이셨다. 우리가 읽은 성경본문은 사람들이 육체로부터 태어나고, 부부 간의 합의의 결과로서 태어난다고 말한다. 다시 말해서, 성경은 사회적 관습으로 굳어진 결혼이라는 제도와 생물학적 본능을 통해 인간이 태어난다고 말한다. 우리 모두는 이런 과정을 통해 태어났다.

사실 사람이 태어나는 것은 지극히 평범한 일이기 때문에 특별히 언급할 이유가 없다. 그런데 하나님께서는 사도 요한의 마음에 감동을 주어 '어떤 특별한 출생'에 대해 성경에 언급하게 하셨다. 하나님은 신적(神的) 감동을 통해 이 특별한 출생이 하나님의 책에 기록되고, 2천여 년 동안 피와 눈물과 수고와 기도의 비싼 대가를 통해 보존되게 하셨다. 또한 하나님은 번역자들을 통해 우리가 이것에 대한 내용을 우리 언어로 쉽게 읽을 수 있게 하셨다. 이렇게 전달된 성경의 메시지에 따르면, 어떤 사람이 태어나는데 그 사람의 출생이 평범하지 않고 특별하다는 것이다! 왜냐하면 그것이 신비로운 출생이기 때문이다. 다시 말해서 그것이 우리가 흔히 알고 있는 육체적 출생과 관련이 없는 출생이기 때문이다.

이 성경본문의 기록자 사도 요한에 따르면, 이 특별한 출생은 육체적 출생과 차원이 다른 출생이다. 이것은 혈통의 차원에서 일어나는 출생이 아니다. 그의 말에 따르면, 이것은 피와 뼈와 세포조직 같은 것들과는 전혀 상관없는 출생이다. 이것은 결혼이라는 사회적 제도나 인간의 성적(性的) 본능에서 비롯되는 출생이 아니다.

### 하나님만이 하실 수 있는 일

사도 요한이 말하는 이 '눈에 보이지 않는' 출생은 하나님께서 하시는 일이다. 요한은 우리가 알고 있는 육체적 출생을 초월하는 어떤 것에 대해 말한다. 인간은 오감(五感)을 통해 육체적 출생을 인식할 수 있다. 우리가 태어났을 때 주위 사람들은 우리를 보고 느끼고 붙잡고 우리의 몸무게를 쟀다. 그들은 우리를 씻기고 입히고 먹였다. 그러나 요한이 언급하는 이 '눈에 보이지 않는' 신비로운 출생은 육체와 아무 관련이 없다. 이것은 하늘로부터 오는 것이며, 성령으로부터 나오는 것이다. 이것은 육체적 출생과는 종류가 다른 신비로운 출생이다.

설교자가 이 '신비롭다'라는 단어를 사용할 때 어떤 사람들은 매우 불안해한다. 그들은 이런 단어를 사용하는 설교자를 즉시 내쫓고 자기들만큼 이 단어를 꺼리는 사람을 후임으로 임명하기를 원한다. 하지만 나는 이 단어를 결코 꺼리지 않는데, 그것은 성경 전체가 신비로운 책이기 때문이다. 다시 말해서 성경이 신비와 기적으로 가득한 책이기 때문이다. 내가 이제까지 살면서 깨달은 사실이 있는데, 그것은 이 세상에서 일어나는 아무리 단순한 현상이라 할지라도 그 근원을 파고들다 보면 머지않아 신비와 비밀스러움에 부딪히게 된다는 것이다. 하물며 영적인 것에 관해서는 더 말할 필요가 없다.

사도 요한이 언급한 사람들에게는 신비로운 출생이 일어났다. 이것은 성령으로 말미암는 출생으로서 사람들이 오감으로 알 수 있는 육체적 출생과는 전혀 다른 것이다. 만일 우리 주 예수님이 단순히 육체적 출생에 대해 언급하셨다면 사람들은 예수님의 말씀에 주목하지 않았을 것이고, 예수님의 교훈이 기록되어 출판되는 일도 없었을 것이다.

육체적 출생은 너무 흔하다. 다시 말해서 육체적 출생은 누구에게나 일어나는 일이다. 그러나 요한이 언급한 말씀에 해당되는 사람들에게는 육체적 출생뿐만 아니라 영적 출생도 일어난다. 그들은 태어나서 시간 속으로 들어올 뿐만 아니라 다시 한 번 더 태어나 영원 속으로 들어간다. 그들은 땅에서 태어날 뿐만 아니라 하늘에서도 태어난다. 그들은 내적 출생, 영적 출생, 신비로운 출생, 비밀스러운 출생을 경험한다.

### 아담의 후손

이 '눈에 보이지 않는' 출생은 하나님께서 특별히 허락하시는 것이다. 물론 절대 주권자이신 하나님께서 만유(萬有)를 다스리신다는 것은 옳은 말이다. 이 세상에 태어나는 모든 인간은 하나님의 피조물로서 태어난다. 어떤 철학자는 불법의 자녀(사생아)는 없고 오직 불법의 부모만 있을 뿐이라고 말했다. 이런 의미에서 보자면, 교회의 결혼 승인이나 일반적인 결혼식 없이 태어난 사람들이라 할지라도 전능하신 하나님의 피조물인 것은 분명한 사실이다. 하지만 이런 것은 자연의 차원에 해당되는 말이지, 우리 주님이 니고데모에게 "[네가] 거듭나야 하겠다"(요 3:7)라고 말씀하실 때 의미했던 것에는 해당되지 않는다.

이 다른 출생, 즉 이 신비롭고 영적인 출생은 하나님의 특별한 허락에 의해서만 주어진다. 이것은 첫 번째 출생과는 완전히 다른 것이고 그것보다 우월한 것이다. 이 영적 출생에 의해 태어난 사람은 지극히 특별한 권리를 얻는다. 이 권리는 하나님의 자녀가 되어 하나님이 거느리시는 권속의 일원이 되는 권리이다.

나는 앞에서 하나님께서 아버지라는 사실에 대해 언급했는데, 좀 더 정확히 말하면 하나님은 '모든 믿는 자들'의 아버지이시다. 하나님은 하늘과 땅의 온 식구에게 이름을 주시는 아버지이시다. 그러나 하나님은 죄인의 아버지가 아니시다. 나는 하나님의 부성(父性)을 온 인류에게까지 확대시키는 어리석은 짓을 결코 하지 않을 것이다. 왜냐하면 하나님은 살인자들과 부도덕한 자들의 아버지가 아니시기 때문이다. 하나님은 하나님을 믿는 자들의 아버지이시다! 자유주의자들과 현대주의자들이 나를 코너로 몰아넣어 하나님의 부성을 부인하도록 유도할지라도 나는 결코 굴복하지 않을 것이다!

또한 나는 모든 사람이 형제지간이라고 믿는다. 하나님께서는 지면(地面)에 거하는 모든 사람을 한 혈통으로 만드셨다. 이 세상에 태어나는 모든 사람은 한 혈통에서 태어나는 것이다. 사람마다 피부색이 다를 수 있다. 어떤 사람은 머리털이 금발이고, 어떤 사람은 검은색이다. 어떤 사람은 곱슬머리이고 또 어떤 사람은 그렇지 않다. 사람들의 외모도 이렇게 서로 다르다. 하지만 인류는 형제지간이다.

우리 모두는 죽음을 면할 수 없는 죄를 지어 이 세상에 죄와 죄의 온갖 열매들을 끌어들인 아담의 후손이다.

### 또 다른 형제 관계

인류의 형제 관계 속에는 또 다른 형제 관계가 있다. 이 또 다른 형제 관계는 하나님의 성도들 간의 관계이다. 인류가 형제

지간이라 할지라도 온 인류가 구원을 받은 것은 아니다. 주지하듯이, 모든 사람이 구원받은 것은 아니다. 구원받지 못한 자들, 즉 거듭나지 못한 자들은 구속(救贖)받은 자들의 관계 속으로 들어오지 못한다.

자유주의자들과 현대주의자들이 실수하는 부분이 바로 이 부분이다. 인류가 한 형제이기 때문에 인류가 한 아버지의 자녀이고, 따라서 인류가 모두 구원받았다는 것이 그들의 주장이다. 그러나 이것은 완전히 잘못된 이야기이다. 완전히 비성경적(非聖經的)인 주장이다.

나는 그리스도인과 비그리스도인, 경건한 사람과 불경건한 사람, 구원받은 자와 그렇지 못한 자 그리고 신자와 불신자를 똑같이 취급하려는 자유주의자들에게 반대한다. 나는 첫 번째 출생을 통해 주어지는 형제 관계뿐만 아니라 두 번째 출생을 통해 주어지는 또 다른 형제 관계가 있다는 것을 확신한다. 그러므로 하나님의 은혜로 말미암아 우리는 구속받은 자들의 거룩하고 신비로운 형제 관계에 속해야 한다. 다시 말해서, 우리는 구주(救主)의 부서진 몸과 거룩한 보혈을 중심으로 모인 성도들의 공동체 안에 거해야 한다.

두 번째 출생은 신비한 출생이며, 우리에게 놀라운 특권을 부여한다. 그래서 요한은 "영접하는 자 곧 그 이름을 믿는 자들에게는 하나님의 자녀가 되는 권세를 주셨으니"(요 1:12)라고 증거한다. 이것은 선물이다. 하나님은 하나님의 자녀가 되는 특권을 주시는데, 이것은 법적인 권리이다. 사람은 태어나서 이 두 번째 출생을 통해 하나님나라로 들어간다. 성경의 증거에 따르면, 하나님께서 우리에게 다시 태어나는 특권을 주셨는데 이것은 단지 시적(詩的)인 표현이 아니다.

때때로 어떤 필자가 시적 표현을 사용하면, 독자는 그것에서 문학적 수사(修辭)에 해당하는 부분을 다 제거하고 핵심 내용을 찾아내 그 뜻을 이해한다. 하지만 이 경우 성경의 증거는 시적 표현이 아니다. 신학적 표현이다! 성경 표현 그대로 하나님께서는 "영접하는 자 곧 그 이름을 믿는 자들에게 하나님의 자녀가 되는 권세"를 주신다!

### 거듭남은 특권이다

이토록 놀라운 성경의 증거를 고려할 때 우리는 영적으로 거듭나는 것이 왜 기삿거리로 다루어질 만큼 중요한지, 왜 전능하신 하나님께서 어떤 사람들이 단지 육체를 따라서가 아니라 그것과는 다른 특별한 방법으로 태어난다는 것을 성경에 밝히셨는지 이해할 수 있다. 이런 사람들은 특권을 받은 자들이다. 그들은 어떤 사람들이 누릴 수 없는 권리를 누린다. 물론 이 권리는 하나님의 자녀가 되는 권리이다. 그러므로 이제 한 가지 사실만은 분명해졌다. 하나님의 피조물인 사람이 하나님의 자녀가 되려면 하나님이 주시는 특권(특별한 허락)에 의해 다시 태어나야 한다는 것이다.

우리가 주목해야 할 사실은 거듭남의 특권이 심지어 천사들조차 갖지 못하는 권리라는 것이다. 그리스도인들이 큰 날개를 가진 하늘나라의 천사들 앞에서 경의(敬意)를 표하고 싶은 마음이 더 이상 생기지 않을 날이 올 것이다. 성경에 따르면, 하나님께서는 예수님이 모든 사람을 위해 죽음을 맛보도록 예수님을 잠시 동안 천사들보다 낮아지게 하셨다. 그러나 본래 예수님은 천사들보다 낮은 분이 아니시다. 사실 하나님께서는 예수님에 대해 "하나님의 모든 천사가 저에게 경배할지어다"(히 1:6)라고 말씀하셨다.

우리를 위한 하나님의 약속은 우리가 예수님처럼 된다는 것이다. 물론 이것은 우리가 예수님처럼 신성(神性)을 갖게 된다는 말이 아니라 예수님처럼 권리를 누리게 된다는 말이다. 우리의 지위가 예수님처럼 된다는 말이다. 왜냐하면 우리는 주님의 참모습을 볼 것이기 때문이다(요일 3:2). 그런 영광스러운 날이 오면 고개를 숙여 경의를 표하는 존재는 천사들일 것이다. 왜냐하면 지극히 높으신 하나님의 자녀들은 예수님처럼 되는 특권을 누릴 것이기 때문이다.

그런데 어찌하여 우리는 이것을 믿지 못하는가? 우리는 이것을 전혀 믿지 않는다. 만일 정말로 믿는다면 우리는 그 믿음에 따라 그 영광스러운 날에 대비하는 삶을 살 것이다. 어찌하여 우리가 하나님의 자녀처럼 행동하기를 시작하지 않는지 나는 도저히 이해가 가지 않는다. 하나님의 자녀가 되는 더 높은 권리를 얻었다고 믿는다면 그런 믿음대로 살아야 하는 것이 아닌가? 하늘의 자녀들이 땅과 세상과 육신의 자녀들처럼 행동하고 아담처럼 살면서 입으로는 하나님의 영(靈)에 의한 거듭남을 믿는다고 말하는 것을 볼 때, 우리는 마땅히 분개해야 한다.

### 특권을 얻는 법

그렇다면 이 거듭난 사람들은 어떻게 이 특권을 얻었는가? 그들은 믿었고 영접했다. 우선 그들은 믿었다. 이 '믿었다'라는 말에 대해 나는 길게 언급하지 않겠다. 왜냐하면 많은 경우에 우리는 믿는다고 하면서 막다른 골목에 이르면 결국 돌아서기 때문이다. 계속 믿기만 하는 사람들이 많은데, 그들은 얻은 것이 별로 없다. 이 거듭난 사람들, 즉 신비로운 방법에 의해 다시 태어난 사람들은 '믿는데', 그들은 냉소주의자나 비관주의자나 의심하는 자가 아니다. 그들은 예수 그리스도에 대해 낙관적이고 겸손하고 신뢰하는 태도를 취하며 그분을 주(主)와 구주(救主)로 받아들인다. 그들은 주님을 영접하기 때문에 하나님의 자녀가 되는 권세를 얻는다(요 1:12).

우리가 읽은 성경본문에서 "영접하다"(receive)라는 표현이 수동태가 아닌 것에 주목하라. 수동태는 타자(他者)의 행동을 수동적으로 당하는 것이고, 능동태는 자신이 능동적으로 어떤 행동을 취하는 것이다. 오늘날 기독교는 수동적인 것으로 변하고 말았다. 사람들은 하나님에 대해 수동적인 태도를 취한다. 그래서 '그리스도를 영접하는 것'도 수동적인 것으로 착각하고 있다.

그러나 성경은 '수동적인 영접'을 결코 가르치지 않는다. 이것은 "영접하다"라는 표현이 수동태가 아니라 능동태로 사용된 점에서도 분명히 드러난다. 또한 어떤 사람들은 '영접하는 것'을 '이럴까 저럴까 생각하다가 선심 쓰듯이 영접해주는 것'으로 착각하고 있다. 그래서 그리스도인들은 사람들을 찾아다니며 "그리스도를 영접해주시겠습니까? 주님을 영접해주시겠습니까?"라고 말한다. 이런 것은 예수 그리스도를 시골집들을 돌아다니는 외판원으로 만드는 것밖에 안 된다. 애원하는 듯한 표정으로 집주인 앞에 서서 물건을 사주기를 학수고대하는 외판원 말이다. 그래서 사람들은 자기들에게 하나님의 구원이 절대적으로 필요하다는 것을 모르고, 오히려 결정권이 자기들에게 있다는 착각 속에서 영접해줄지 말지를 고민한다.

다시 말하지만, 성경은 '수동적인 영접'을 가르치지 않는다. 성경책 어디를 뒤져봐도 그런 교훈은 없다. 어떤 사람들은 내게 "이런 것을 믿어야 합니다" 혹은 "저런 것을 믿어야 합니다"라고 말하는데, 솔직히 말해서 그런 말을 듣는 것이 지겹다. 왜냐하면 이런 사람들은 누구에게나 앵무새처럼 자기 말을 따라하라고 시키기 때문이다. 그들은 심지어 영접기도를 따라하라고 시킨다.

'수동적인 영접'이 믿음이라는 얘기가 많이 떠돌지만, 이것은 잘못된 교훈이다. 헬라어 본문에서 "영접하다"는 수동태가 아니라 능동태이다. 현대에 만들어진 영어성경 역본들을 보라. 어떤 것을 보더라도 거기에 "영접하다"가 "붙잡다"(take)라는 의미로 번역된 것을 볼 수 있을 것이다. 이것은 좋은 번역이다. 현대의 훌륭한 한 역본에는 우리가 읽은 성경본문이 "붙잡는 자 곧 그 이름을 믿는 자들에게는 하나님의 자녀가 되는 권세를 주셨으니"라고 번역되어 있다.

### 적극적으로 예수를 붙잡는 자

다시 말하지만, 그리스도를 영접하는 것은 '이럴까 저럴까 생각하다가 선심 쓰듯이 영접해주는 것'이 아니라 '붙잡는 것'이다. 당신이 평신도이든 목회자이든 선교사이든 학생이든 이 점을 분명히 명심하라! 그리스도를 영접하여 구원을 얻는다는 것은 우리의 전인격을 쏟아붓는 행위이다. 그것은 지성(知性)과 의지와 감정이 모두 참여하는 행위이다. 더욱이 그것은 전인격을 투입하되 '적극적으로' 투입하는 것이다.

이런 개념을 성경본문에 집어넣어 이해할 것 같으면, 성령님이 "전인격을 쏟아부어 그리스도를 붙잡는 자들에게는 하나님의 자녀가 되는 권세를 주셨으니"(요 1:12)라고 말씀하신 것으로 이해할 수 있다. 그러므로 우리가 하나님의 자녀가 된 사람들이 편안히 앉아서 그리스도를 영접했을 것이라고 추측하는 것은 잘못된 것이다. 하나님의 자녀가 된 사람들의 경우, 그들의 온몸이 마치 손처럼 주님을 붙잡으려고 몸부림쳤을 것이다. 그들은 자신들의 지성과 감성과 의지를 다 쏟아부어 예수님을 주(主)와 구주(救主)로 붙잡았다. 그래서 헬라어 본문은 "적극적으로 예수를 붙잡는 자들에게는 하나님의 자녀가 되는 권세를 주셨으니"라고 말하는 것이다.

현재 기독교는 상업적인 경박함에 물들어 있다. 공교롭게도 우리는 기도와 믿음에 대해 감상적으로 노래하는 것이 유행이 되어버린 시대에 살고 있다. 사람들은 종교와 관련된 것들을 거의 모든 곳에서 약방의 감초처럼 써먹고 있다. 심지어 세속적인 프로그램에서조차 버젓이 써먹는다. 두 눈에 금빛 화폐 표시를 붙인 탐욕의 신(神) 맘몬이 그 프로그램 스튜디오의 꼭대기에 앉아 상품의 질(質)에 대해 거짓말을 늘어놓는다. 프로그램이 한창 진행될 때 종교적 분위기를 연출하도록 잘 훈련된 사회자가 자못 감동한 듯한 목소리로 "자, 이제 이번 주의 찬송가를 보내드리겠습니다!"라고 말한다. 그의 말이 떨어지기가 무섭게 반주가 쿵작쿵작 울려 퍼지며 노래가 흘러나온다(하지만 이 노래는 마귀가 들어도 낯을 붉힐 만한 노래이다). 그러면서도 그들은 그것을 종교라고 생각한다. 나 역시 그것이 종교라는 것은 부인하지 않는다. 하지만 그것은 기독교가 아니고, 성령님의 일도 아니고, 신약의 종교도 아니다. 거기에는 그리스도의 구속(救贖)이 없다. 그것은 단지 종교를 이용하는 것이다.

그러나 이런 암울한 상황에서도 제대로 된 사역자가 나타나면 기독교에는 희망이 있다. 예를 들어, 수천 명을 상대로 복음을 명확히 제시하는 사람이나 지성(知性)과 날카로운 통찰력뿐만 아니라 성령과 능력으로 충만한 사람이 나타난다면, 현재의 복음주의 기독교는 수렁에서 빠져나올 수 있다.

당신에게 한 가지 경고할 것이 있다. 수많은 인파가 모이거나 종교적 활동이 거창하게 일어나거나 종교적 사상이 흥왕하다고 해서 그것들이 대단한 영성(靈性)이라고 착각하지 말라. 단 한순간도 그런 착각에 빠지지 말라.

그러므로 우리는 성경본문에서 "영접했다"라는 말이 대단히 중요한 의미를 지닌다는 것을 알 수 있다. 거듭난 사람들은 그리스도를 영접했다. 다시 말해서 그들은 예수님을 능동적이고 적극적으로 붙들었다. 이것은 그들이 확고한 의지와 결심으로 주님을 붙들었다는 뜻이다. 이것은 그들이 주님이 제시하신 조건을 하나도 거부하지 않았다는 것이다. 이것은 현재 우리 주변에서 들리는 얘기들과는 완전히 다른 것이다. 그들은 예수께 가서 자기들의 조건을 내세운 것이 아니라 예수님의 조건에 따라 주님을 능동적으로 붙들었다.

### 기독교는 질긴 고기이다!

주님이 제시하시는 어떤 조건이라도 따르겠다는 의지가 있는 사람이 하나님의 자녀요, 그리스도를 믿는 신자이다. 심지어 친척이나 친구들도 버리겠다는 각오까지 해야 한다.

내가 이렇게 말하니까 당신이 내게 "당신은 너무 급진적입니다"라고 항의할지 모르겠다. 그럴지도 모르겠다. 하지만 당신은 예수님의 말씀을 읽어보지 못했는가? 그분은 "무릇 내게 오는 자가 자기 부모와 처자와 형제와 자매와 및 자기 목숨까지 미워하지 아니하면 능히 나의 제자가 되지 못하고"(눅 14:26)라고 말씀하셨다. 예수님은 우리에게 남편이나 아내나 자녀보다 주님을 더욱 사랑하라고 요구하신다. 그렇지 않을 경우, 하나님께서 우리를 받아주지 않으실 것이다. 이것이 이 문제에 대한 예수님이 주시는 교훈의 핵심이다.

"그것은 너무 잔인합니다"라고 당신이 항의할지 모르겠다. 그러나 이것은 살아 계신 하나님께서 우리의 사랑과 충성을 요구하시는 것이다. 그러므로 그분의 요구를 잔인하다고 할 수 있는가? 내가 당신에게 실상을 말해주겠다. 하나님께서는 지옥 불이 얼마나 뜨거운지 아시기 때문에 지금도 우리의 마음을 움직여 행동으로 나서도록 최선을 다하고 계신 것이다! 만일 롯이 자신의 불경건한 가족을 내버려둔 채 혼자 소돔에서 빠져나왔다 할지라도 그의 행동은 정당화됐을 것이다.

실상을 분명히 깨달아라. 예수 그리스도께서 우리에게 구원을 주겠다고 하시는 것은 구원을 장식품이나 꽃다발이나 액세서리로 간직하라고 그러시는 것이 아니다. 그분은 우리에게 이렇게 분명히 말씀하신다.

"네 낡은 누더기 옷을 벗어버려라. 완전히 벗어버려라. 그러면 내가 곱고 깨끗한 내 의(義)의 옷을 입혀주리라. 이것은 내가 준비한 옷이니라. 네가 나를 따르기 위해 돈을 버려야 한다면 버려라. 직업을 잃어야 한다면 잃어라. 박해를 받아야 한다면 받아라. 거센 풍랑을 맞아야 한다면 그 풍랑 속으로 뛰어들라. 나를 위해서 말이다."

예수 그리스도를 주님으로 영접하는 것은 수동적인 것도 아니고 솜사탕처럼 살살 녹는 것도 아니다. 기독교는 먹기 좋게 한입에 쏙 들어가는 말랑말랑한 종교가 아니다. 그것은 질긴 고기이다! 어느 정도 질기냐 하면 하나님께서 지금 우리에게 모든 것을 바치라고 요구하실 정도로 질긴 것이다. 어떤 사람들은 자신들의 죄악된 쾌락을 버리지 않으려고 한다. 더욱 한심한 것은 이토록 타락하고 암울한 시대에 교회들이 두 마음을 품은 자들의 마음을 최대한 편하게 해주려고 애쓰고 있다는 사실이다.

"단지 예수님을 믿고 영접해주기만 하면 전과 똑같이 살아도 아무 문제가 안 됩니다. 여자 꽁무니를 쫓아다니는 짓을 그만두고 술과 담배를 끊는다면 다른 모든 것은 전과 똑같이 할 수 있습니다. 다른 것은 아무래도 괜찮습니다. 아멘!"

이것이 현재 많은 교회들이 전파하는 '어중간한 기독교'이다. 그리하여 오늘날 기독교는 이교(異敎)와 다를 것이 별로 없다. "믿으면 구원 받는다"라고 말하며 주님의 뜻을 어기면서 내 마음대로 행동하는, 설익은 그리스도인이 될 바에는 차라리 조로아스터교(주전 6세기 무렵 페르시아의 예언자 조로아스터가 창시한 종교로서 '배화교'라고도 한다) 신자가 되어 날마다 뜨는 해와 지는 해를 향해 무릎 꿇는 편이 더 나을 것이다.

### 많은 사람들에게 열광 받는 길은 위험한 길이다

오늘날 사람들에게 행복을 꿈꾸게 하면서 "예수님을 영접하기만 하면 영생을 얻습니다. 영생을 잃을 가능성이 전혀 없으므로 영접한 다음에는 마음대로 살아도 좋습니다"라고 가르치는 기독교가 인기를 끄는 것 같다. 그리하여 교회들은 대형 부흥회를 열고, 여러 훈련 프로그램과 그리스도인들의 갖가지 모임을 만들어 그들로 하여금 바쁘게 일하도록 한다. 하지만 이런 것은 잘못된 것이다. 성경에 따르면 그리스도를 영접하는 자, 곧 전인격을 쏟아부어 주님을 적극적으로 붙잡는 자에게 하나님의 자녀가 되는 권세가 주어지기 때문이다.

셰익스피어의 작품 「햄릿」에서 햄릿은 "덴마크, 덴마크 전체가 지금 비탄에 잠겨 이마를 찡그리고 있다"라고 말했다. 이 말을 받아서 나는 이렇게 표현하고 싶다.

"우리의 전인격이 예수님을 붙잡겠다는 뜨거운 열병(熱病)에 걸려 '오, 주님! 제게로 오소서. 제가 피를 흘리고 죽는다 할지라도 저는 주님을 붙잡을 것입니다. 제 친구들을 다 잃어버린다 할지라도 주님을 저의 주님으로 삼을 것입니다. 직업이나 지위나 신분을 잃는다 할지라도 저는 주님을 붙잡을 것입니다'라고 외쳐야 한다."

지금 내 뇌리를 스치는 한 사람이 있는데, 그는 죽기 전 여러 해 동안 톨레도복음교회에서 목회하던 고(故) 루이스 헨리 지머(Louis Henry Zeimer)이다. 회심(回心)하기 전에 그는 어떤 교단에 소속된 교회의 목회자였다(그는 회심하지 않고서 목회자가 되었던 것이다). 종종 그는 「얼라이언스 라이프」(토저가 속했던 교단인 기독교선교연합의 기관 잡지)를 생애 처음 읽은 경험에 대해 그리고 자기가 구원을 얻고 또 구원의 확신을 가진 일에 대해 이야기했다. 결국 그는 주께 마음을 드렸고 회심했다.

그런 다음 그는 자신의 교인들에게 거듭남의 기적에 대해 설교하기 시작했고, 그 결과 부흥이 일어났다. 그러나 그가 속한 교단의 지도자들은 그를 소환했고, 그는 그들 앞에서 루터의 글을 읽어주면서 자기는 믿음과 칭의(稱義)에 대한 루터의 교리를 가르칠 뿐이라고 해명했다. 교단 지도자들은 그에게 이단 혐의가 없다고 결론을 내렸음에도 불구하고 그에게 교회에서 사임하라고 요구했다.

훗날 지머는 그때의 일에 대해 "나는 쫓겨난 것이 아니라 사실 승진한 것입니다"라고 당당히 말했다. 교회를 사임한 그는 기독교선교연합 교단에 속한 한 작은 교회의 목회자로 부임했다. 당시 기독교선교연합에 속한 대부분의 교회들은 마구간 뒤에나 이발소 위에 있었다. 하지만 지머의 설교와 사역을 통해 톨레도복음교회는 단기간에 큰 교회로 성장했고, 전 세계에 수십 명의 선교사를 파송했다. 그의 세 자녀도 선교사로 나갔다. 그는 전인격을 쏟아부어 적극적으로 예수님을 영접하고 그분을 위해 사는 것이 어떤 것인지를 알았다. 그는 그리스도를 위해 설교단, 목사관 그리고 연금을 모두 포기했다.

### 미성숙한 신자

어찌하여 그리스도인들은 먹기 쉽도록 미리 얇게 썰어서 소스까지 뿌려 놓은 음식을 원하는가? 어찌하여 어린아이처럼 그들은 식탁을 두드리며 물을 튀기고 있을 때 하나님께서 오셔서 자기들에게 음식을 떠먹여줘야 한다고 생각하는가? 그들은 그런 것이 기독교라고 생각한다. 하지만 그렇지 않다. 이렇게 타락한 불법의 사람들은 '그리스도인'이라 불릴 자격이 없다.

"주 하나님은 우리 비위를 맞춰주고 우리가 하는 대로 내버려두다가 결국 우리에게 '신실한 종들아, 이리 오거라'라고 말씀하셔야 한다"라고 주장하는 자들은 정말 어리석다. 누군가 지금 당장 그들의 어리석음을 지적해줘야 한다!

chapter 02

# 사람의 지혜가 아닌
## 하나님의 능력으로써 진리를 알라

진리에는 몸만 있는 것이 아니라 영도 있다. 진리의 몸, 즉 문자의 계시가 사람의 영혼을 움직이려면 성령님의 내적 조명이 반드시 있어야 한다.

### 예수님의 놀라운 지식

예수님과 유대 지도자들과의 대립에서 진리가 단지 지적(知的)인 것이라고 믿었던 사람들이 등장하는데, 우리는 특히 그들을 주목해야 한다. 그들은 2에다 2를 곱하면 4가 되듯이 진리가 어떤 규칙이나 원리 같은 것이라고 믿었다. 그렇다면 우선 당시의 상황을 살펴보자.

"이미 명절의 중간이 되어 예수께서 성전에 올라가사 가르치시니 유대인들이 기이히 여겨 가로되 이 사람은 배우지 아니하였거늘 어떻게 글을 아느냐 하니 예수께서 대답하여 가라사대 내 교훈은 내 것이 아니요 나를 보내신 이의 것이니라 사람이 하나님의 뜻을 행하려 하면 이 교훈이 하나님께로서 왔는지 내가 스스로 말함인지 알리라"(요 7:14-17).

예수님 당시의 사람들이 진리에 대해 가졌던 태도를 생각할 때, 우리는 우리 시대에도 그들처럼 하나님의 진리에 대해 지적으로 접근을 하는 사람들이 있다는 사실에 주목하게 된다. 그런데 나는 예수 그리스도가 하나님의 아들이심을 부인하는 신학적 자유주의자들을 두고 이런 말을 하는 것이 아니다. 지금 나는 복음주의적 이성주의자(理性主義者)들을 가리켜 말하는 것이다. 내가 이 문제에 관심을 갖는 것은 복음주의적 이성주의가 자유주의만큼이나 진리를 쉽게 말살할 수 있다고 생각하기 때문이다.

우선 예수님 당시의 유대 지도자들을 보자. 그들은 예수님을 보고 놀라며 자기들끼리 "이 사람은 배우지 아니하였거늘 어떻게 글을 아느냐"(요 7:15)라고 말했다. 그들은 예수님이 고등교육을 가르치는 정규 학교에서 공부하지 않았다는 점에 관심을 가졌다. 예수님 당시 대부분의 학교들은 오늘날처럼 많은 학급을 두고 교육하는 형태가 아니라 랍비가 소그룹의 사람들을 가르치는 형태로 되어 있었다. 우리 주님이 이런 형태의 랍비 학교에 다니시지 않았던 것은 분명하다. 그래서 유대 지도자들이 "저 사람이 랍비 학교에 다니지 않았는데 어디서 저런 놀라운 교훈을 배웠는가?"라고 물었던 것이다.

이런 질문 하나만 보아도 우리는 당시 유대인들에 대해 많은 것을 알 수 있다. 여기서 우리가 알 수 있는 것은 그들이 참된 진리를 규칙이나 원리로 바꿀 수 있는 지적인 것으로 믿었다는 사실이다. 그들은 규칙이나 원리만 알면 진리를 알게 된다고 생각했다. 당시 대부분의 사람들은 개인 소유의 책을 갖지 못했기 때문에 규칙이나 원리를 학교에서 암기했다. 따라서 그들은 이런 규칙이나 원리를 암기하는 것이 곧 진리를 아는 것이라고 착각했는데, 우리는 이런 사실을 그들의 질문에 대한 예수님의 대답에서뿐만 아니라 요한복음 전체에서 확인할 수 있다.

### 진리는 단순히 말이 아니다

예수님 당시 유대 지도자들은 진리를 지적인 것으로 간주했다. 2에다 2를 곱하면 4가 되는데, 이것은 지성(知性)으로 입증할 수 있는 지적인 진리이다. 이런 진리를 알려면 구구단에서 '2×2=4'까지만 암기하면 된다. 유대 지도자들은 하나님의 진리를 이런 지적인 진리로 착각했다. 그들이 알고 있는 진리에는 신비적 깊이가 없었다. 그들에게는 지적인 진리만 있을 뿐이었다. 그 이상도 이하도 없었다. 2에다 2를 곱하면 4가 된다는 수준의 진리뿐이었다. 그래서 그들은 예수님을 이해할 수 없었다. 예수님에게는 그들의 진리보다 더 깊고 높은 진리가 있었다. 그들은 주님이 가르치시는 교훈의 깊이를 알지 못했고, 단지 '2×2=4'를 알 뿐이었다.

유대 지도자들은 진리를 표현한 말을 진리라고 믿었다. 사실, 지금도 기독교 신학이 어느 정도 그들과 같은 오류를 범하고 있다. 내 말을 오해하지 말라. 지금 나는 우리 시대의 신학이 중요하지도 않은 사소한 것을 지나치게 분석하면서 논쟁을 벌인다고 비난하는 것이 아니다. 그런 문제라면 왈가왈부(曰可曰否)하고 싶지 않다. 내가 유대 지도자들의 잘못을 지적하는 것은 진리가 단지 말로 끝나지 않고 도덕적 및 영적 결과를 낳기 때문이다. 그들은 진리를 표현한 말이 곧 진리라고 믿었다. 그들은 말(言)을 소유하는 것이 곧 진리를 소유하는 것이며, 규칙이나 원리를 암기하는 것이 곧 진리를 아는 것이며, 진리의 말에 따라 사는 것이 곧 진리 안에서 사는 것이라고 생각했다.

다시 말하지만, 바로 이런 생각 때문에 그들은 우리 주 예수께 동의할 수 없었다. 주님은 그들의 이런 잘못된 생각을 바로잡으려고 노력하셨다. 주님은 자신의 메시지가 하늘로부터 온 것이라고 말씀하셨다. 예수님은 하나님의 말씀을 그대로 전할 뿐이라고 말씀하셨다. 주님의 말씀에는 "내 교훈은 내 것이 아니다. 나는 앵무새처럼 교훈을 반복하여 가르치는 랍비가 아니다. 나의 가르침은 그런 것이 결코 아니다"라는 뜻이 담겨 있다.

### 새로운 전선에 주목하라

예수님은 이미 전에 유대교 지도자들에게 다음과 같은 취지로 말씀하셨다.

"내 말 중에는 내가 스스로 말하는 것이 하나도 없다. 나는 아버지께서 행하시는 것을 본 그대로 행하며, 그분이 말씀하신 것을 말한다. 나는 하늘에서 본 것을 너희에게 말한다. 나는 내가 본 것을 그대로 전할 뿐이다. 너희는 랍비에게 가서 배우는 것이 진리에 이르는 길이라고 믿지만, 그것은 진리가 아니다. 그런 식으로는 진리에 이를 수 없다."

이렇듯 예수님이 말씀하신 뜻을 제대로 깨닫지 못하는 것이 현대 기독교의 맹점이다. 나는 이런 문제에 대해 언급하는 사람이 왜 없는지 의아할 뿐이다. 오늘날의 전선(戰線)은 근본주의자들과 자유주의자들 사이에 형성되어 있는 것이 아니다. 다시 말해서 지금의 싸움은 근본주의자들과 자유주의자들 사이의 싸움이 아니다. 물론 이 두 집단 사이에는 차이가 있다. 근본주의자들은 "하나님께서 천지를 창조하셨다"라고 말하지만, 자유주의자들은 "하나님의 천지창조는 사실을 시적(詩的)으로 표현한 것일 뿐이다. 사실 우주는 오랜 세월에 걸쳐 진화되어 왔다"라고 말한다. 전자는 "예수 그리스도는 하나님의 참 아들이시다"라고 말하지만, 후자는 "예수 그리스도가 훌륭한 선생인 것은 사실이지만, 그분의 신성(神性)을 확신하지는 못하겠다"라고 말한다. 이렇게 근본주의자들과 자유주의자들 사이에는 의견 대립이 있다. 하지만 기독교인들은 더 이상 이런 문제들을 가지고 싸우지 않는다.

몇 년 전 나는 친구들과 함께 게티즈버그에 가서 그 유명한 남북전쟁 최후의 결전장을 둘러보았다. 우리는 기념 명판(銘板)도 읽어보고 기념비도 보았다. 하지만 그곳에 더 이상 싸움은 없었다. 대포 소리도, 칼이 부딪히는 소리도 없었다. 죽은 병사의 사체도 없었다. 그곳은 한때 치열한 전투가 벌어졌던 장소일 뿐이다.

물론 지금도 소수의 목사들은 유혈의 싸움도 마다하지 않겠다고 나서며 상대를 공격하지만, 사실 이미 피는 말라버렸다. 왜냐하면 이제 근본주의자들과 자유주의자들은 서로 피를 흘리며 싸우지 않기 때문이다. 이 두 집단 간의 싸움은 이미 끝났다. 자유주의자들은 자기들의 확신대로 여전히 자유주의자로 남아 있고, 근본주의자들도 자기들의 신앙과 입장에서 한 발짝도 움직이지 않고 있다. 그들 사이에 더 이상의 싸움은 없다. 이제는 새로운 싸움이 진행되고 있는데, 사실 이 싸움은 더 심각한 것이다.

현재 전선은 복음주의적 이성주의자(理性主義者)들과 복음주의적 신비주의자(神秘主義者)들 사이에 형성되어 있다. 이 말이 무슨 뜻인지 생각해보자.

오늘날에는 과거 서기관들과 바리새인들이 가르쳤던 이성주의와 다르지 않은 복음주의적 이성주의가 존재한다. 그들은 진리가 말에 있다고 주장하면서 "진리를 알기를 원하면 랍비에게 가서 말을 배워라"라고 말한다. 말(지식)을 소유하면 진리를 소유한 것이라는 뜻이다. 이런 것이 복음주의적 이성주의인데, 이것은 근본주의 기독교 안에도 존재한다. 내 할머니가 즐겨 사용한 표현을 빌리자면, 복음주의적 이성주의는 양(羊)만큼 크다(나는 할머니가 왜 이런 표현을 사용하셨는지 모르겠다). 아무튼 복음주의적 이성주의는 우리 가운데 만연해 있다. 그것은 "경전을 배우면 진리를 알게 된다"라고 가르친다.

### 치명적인 이성주의

복음주의적 이성주의는 자유주의만큼이나 신속히 진리를 죽인다. 차이점이 있다면 좀 더 교묘한 방법으로 그렇게 한다는 것이다. 자유주의자는 저 멀리 서서 솔직하게 소리친다.

"나는 당신들이 영감(靈感)에 의해 기록되었다고 주장하는 성경을 믿지 않는다. 나는 당신들이 신격화한 그리스도를 믿지 않는다. 나도 물론 성경을 믿는다. 하지만 당신들처럼 믿지는 않는다. 성경은 위대한 사람들의 고상한 가르침을 모아놓은 것일 뿐이다. 나는 우리가 신비로운 방법에 의해 우주와 교감하는 놀라운 체험을 할 수 있다고 믿지만, 당신들의 말은 믿지 않는다."

따라서 우리는 어떤 사람이 자유주의자인지를 쉽게 알 수 있다. 그가 소리치고 있는 쪽으로 당신의 망원경을 돌려라. 그러면 그의 모습이 분명히 보일 것이다. 우리는 그가 적군이라는 사실을 쉽게 알 수 있는데, 그것은 그가 적군의 군복을 입고 있기 때문이다.

하지만 오늘날 복음주의적 이성주의자는 아군의 군복을 입고 있다. 그는 아군의 군복을 입고 찾아온다. 그리고 옛날, 바리새인들이 예수께 말한 것처럼(바리새인들은 예수님의 최대 적이었다) "진리는 진리이다. 진리를 믿으면 진리를 소유하게 된다"라고 말한다. 예수님의 시대에나 이 시대에나 이런 사람들은 초월적 차원, 신비적 깊이, 신비로운 높이, 초자연적인 것 그리고 신적(神的)인 것을 보지 못한다. 그들은 오로지 이렇게 말한다.

"나는 천지를 지으신 전능하신 하나님 아버지와 그분의 외아들 우리 주 예수 그리스도를 믿습니다."

그들에게는 경전과 규칙이나 원리와 사도신경이 있으며, 그들에게는 그것들이 진리이다. 그들은 자기들이 믿는 것을 다른 사람들에게 전한다. 그 결과 사람들은 영적으로 죽어간다.

그렇다면 복음주의적 신비주의자(神秘主義者)는 누구인가? 사실 나는 신비주의자라는 말을 좋아하지 않는다. 왜냐하면 신비주의자라고 하면 머리털과 수염을 길게 기르고 몽상가처럼 기이한 행동을 일삼는 사람이 머릿속에 떠오르기 때문이다. 그러나 이 단어에 이런 부정적인 이미지가 있다 할지라도 나는 이 말을 통해 영적 차원을 강조하고 싶다. 다시 말해서, 진리가 단지 경전의 문제가 아니라는 것을 강조하고 싶다. 경전의 차원을 넘어 우리가 도달해야 할 무엇이 있다! 진리는 규칙이나 원리가 아니다. 규칙이나 원리 한가운데는 힘차게 뛰는 박동(搏動)이 있는데, 우리는 거기에 도달해야 한다.

우리가 물어야 할 질문은 이것이다. 기독교 진리의 몸만으로도 충분한가, 아니면 진리에는 몸뿐만 아니라 영(靈)도 있는가? 복음주의적 이성주의자는 이렇게 말한다.

"진리에 영이 있다는 이야기는 시적(詩的)인 허튼 소리일 뿐이다. 진리에는 몸만 있으면 된다. 진리의 몸을 믿으면 천국으로 가고 있는 것이며 타락할 수도 없다. 만사(萬事)가 잘 될 것이며, 결국 마지막 날에 면류관을 얻을 것이다."

그러나 우리는 이렇게 물어야 한다. 계시만으로 충분한가, 아니면 조명(照明)도 있어야 하는가? 성경은 성령의 감동으로 기록된 책인가? 성경은 계시의 책인가? 물론 당신과 나는 성경이 계시의 책이라고 믿는다. 하나님께서 성경을 통해 말씀하셨고, 경건한 자들이 성령의 감동으로 말했다고 믿는다.

나는 성경이 살아 있는 책이고 하나님께서 주신 책이며, 우리가 성경의 내용에 가감을 해서는 안 된다고 믿는다. 성경은 하나님 계시의 책이기 때문이다.

### 계시만으로는 충분하지 않다

그러나 문자의 계시만으로는 충분하지 않다. 문자의 계시가 사람의 영혼을 움직이려면 먼저 성령의 조명이 있어야 한다. 내가 성령의 감동으로 기록된 '책'을 손에 가지고 있는 것만으로는 충분하지 못하다. 내 마음에도 감동이 있어야 한다. 여기에는 분명한 차이가 있다. 복음주의적 이성주의자가 문자의 계시만으로 충분하다고 주장할지라도 말이다.

그런데 복음주의적 이성주의자의 주장을 그대로 믿는 사람들이 있다. 언젠가 어떤 목회자가 나에게 와서 자신이 어떤 교회에서 본 것에 대해 말해주었다. 그 교회 사람들은 진리만으로 충분하다고, 규칙이나 원리만으로 부족함이 없다고 믿었다. 설교단으로 나와 "나는 그리스도를 믿습니다"라고 말하는 사람들을 모두 교인으로 받아들이고, 그들에게 더 이상 아무 질문도 하지 않았다. 그렇게 그들은 교인이 된 것이었다.

언젠가 나는 한 형제를 우연히 만났는데, 그는 내게 이렇게 말했다.

"저는 감동적인 영적 체험을 했습니다. 복음전도자 찰스 피니(Charles G. Finney, 1792~1875. 변호사 출신의 목사로서 미국에서 부흥의 불길을 크게 일으켰다)의 시대에 살았던 사람들이 경험했듯이, 영광스런 감동의 물결이 저를 덮었고 사랑의 날개가 제 영혼 위에서 퍼덕였습니다. 그 후 저는 다른 교파 사람들의 초청을 받아 간증을 했습니다. 그런데 집회가 끝난 후 몇 사람이 내게 오더니 은혜의 기적을 믿는 내 믿음을 비난했습니다."

이 형제는 성경에 나온 하나님의 은혜의 계시를 믿었을 뿐만 아니라, 거듭남이 영혼 안에서 일어나는 하나님의 기적적인 행하심이라고 믿었기 때문에 비판을 받은 것이다.

이 형제를 비난하면서 그에게 이단 혐의가 있다고 주장한 사람들은 누구인가? 바로 근본주의자들이다. 복음주의자들, 좀 더 정확히 말하면 "성경의 문자대로 믿기만 하면 더 이상 아무 문제가 없다"라고 말하는 복음주의적 이성주의자들이다.

그들과 같은 사람들이 예수님의 시대에도 있었는데, 그들은 "이 예수라는 사람은 랍비의 발아래에 앉아 경전을 암기한 적이 없는 사람이므로 진리를 알지 못한다"라고 말했다.

나는 성경말씀을 암송하는 것이 신앙생활에 유익하다고 생각한다. 그러나 우리가 성경을 통째로 암송한다 할지라도 그것은 진리의 몸만을 소유하는 것이다. 진리에는 몸만 있는 것이 아니라 영(靈)도 있다. 성령님이 우리에게 내적 조명을 주셔야 한다. 그렇지 않으면 우리는 진리가 무엇인지 알 수 없다.

이것은 지극히 중요한 이야기이다. 회심(回心)은 하나님께서 성령님을 통해 이루시는 기적이다. 이런 기적이 우리 영혼 안에서 일어나야 한다. 진리의 몸, 즉 영감(靈感)으로 기록된 계시만으로는 충분하지 않다. 성령님의 내적 조명이 반드시 있어야 한다.

### 진리의 몸과 진리의 영

예수님 당시 그분은 신학적 이성주의자들과 충돌하셨다. 이것은 예수님의 산상수훈과 요한복음 전체에서 잘 드러난다. 골로새서가 마니교(3세기 초 마니가 조로아스터교에 기독교, 불교 및 바빌론의 원시 신앙을 가미하여 만든 자연 종교의 하나)에 대항하고 갈라디아서가 유대교 율법주의에 대항하듯이, 요한복음은 경건만으로 충분하다고 주장하는 복음주의적 이성주의에 대항한다. 사도 요한은 이런 복음주의적 이성주의에서 우리를 구출하기 위해 요한복음을 썼는데, 이 책에는 구원에 대한 열정이 가득하다. 다시 말하지만 경전주의(經典主義)는 자유주의만큼이나 치명적이다.

계시가 구원을 주는 것은 아니다. 물론 계시는 우리가 두 발을 딛고 서 있는 기초이다. 문자의 계시는 우리가 무엇을 믿어야 하는지를 가르쳐준다. 성경은 하나님께서 주신 책이다. 나는 이 진리를 누구보다도 확고히 붙든다. 그러나 구원을 얻으려면 문자의 계시만으로는 안 되고, 성령의 조명과 회개와 거듭남과 내적 구원이 있어야 한다.

많은 경전주의자들은 사람들이 천국에 쉽게 들어가도록 애쓰지만, 그렇다고 해서 그들이 천국에 들어가는 것은 아니다. 경전주의자들은 사람들을 교묘히 조종해서 성경 자체가 구원을 준다고 믿도록 만든다. 하지만 그들은 성령의 조명을 받은 일이 없는 사람들이다. 그들은 내적으로 새롭게 된 적이 없는 사람들이다. 그들은 천국에 들어와 있는 사람들이 아니다.

하나님의 진리 속에는 택함 받지 않은 영혼이 결코 깨달을 수 없는 깊은 비밀이 있다. 현재 우리가 살고 있는 이 악하고 음란

한 세대는 이 비밀을 알지 못한다. 어떤 사람들이 가르치듯이 기독교는 손만 뻗으면 쉽게 잡을 수 있는 그런 것이 아니다. 예수 그리스도를 믿어서 구원을 얻으려면 마음의 준비, 생활의 준비 그리고 속사람으로서의 준비가 있어야 한다.

"진리를 듣고도 깨닫지 못하는 경우가 발생할 수 있느냐?"라고 당신이 내게 물을지 모르겠다. 이에 대해 선지자 이사야가 무엇이라고 말하는지 들어보자.

"너희가 듣기는 들어도 깨닫지 못할 것이요 보기는 보아도 알지 못하리라"(사 6:9).

그렇다. 보기는 보아도 알지 못하는 일이 일어날 수 있다. 바울은 "내 말과 내 전도함이 지혜의 권하는 말로 하지 아니하고 다만 성령의 나타남과 능력으로 하여 너희 믿음이 사람의 지혜에 있지 아니하고 다만 하나님의 능력에 있게 하려 하였노라"(고전 2:4,5)라고 말했다.

이 구절을 가지고 신학적 이성주의자들은 "바울은 우리의 믿음이 사람의 지혜가 아니라 하나님의 말씀 안에 서야 한다고 가르친다"라고 말할 것이다. 그러나 바울은 이렇게 말하지 않았다. 그는 우리의 믿음이 '하나님의 능력' 안에 서야 한다고 말했다. '하나님의 말씀' 안에 선다는 것과 '하나님의 능력' 안에 선다는 것은 완전히 다른 것이다.

바울의 말을 계속 들어보자.

"기록된 바 하나님이 자기를 사랑하는 자들을 위하여 예비하신 모든 것은 눈으로 보지 못하고 귀로도 듣지 못하고 사람의 마음으로도 생각지 못하였다 함과 같으니라 오직 하나님이 성령으로 이것을 우리에게 보이셨으니 …"(고전 2:9,10).

"사람의 사정을 사람의 속에 있는 영 외에는 누가 알리요 이와 같이 하나님의 사정도 하나님의 영 외에는 아무도 알지 못하느니라 우리가 세상의 영을 받지 아니하고 오직 하나님께로 온 영을 받았으니 이는 우리로 하여금 하나님께서 우리에게 은혜로 주신 것들을 알게 하려 하심이라 우리가 이것을 말하거니와 사람의 지혜의 가르친 말로 아니하고 오직 성령의 가르치신 것으로 하니 신령한 일은 신령한 것으로 분별하느니라 육(肉)에 속한 사람은 하나님의 성령의 일을 받지 아니하나니 저희에게는 미련하게 보임이요 또 깨닫지도 못하나니 이런 일은 영적으로라야 분변함이니라"(고전 2:11-14).

하나님의 사람 바울의 말 속에는 "내가 와서 말씀을 전했다. 나는 능력을 전했는데, 이 능력은 빛을 비추어주고 양심과 영(靈)을 움직이고 속사람을 변화시키는 능력으로서 너희의 믿음이 하나님의 능력 안에 서게 한다"라는 뜻이 들어 있다.

사람들의 믿음이 하나님의 계시 안에 선다 할지라도 그들이 영적으로 완전히 죽은 것일 수 있다. 하지만 하나님의 능력이 말씀에 작용하여 불을 붙이면 그때 비로소 진정한 기독교가 시작된다. 우리는 이것을 부흥이라고 부르지만, 사실 이것은 부흥이 아니고 신약성경이 가르치는 진정한 기독교일 뿐이다. 처음부터 그랬어야 하는 것인데, 그렇지 못했을 뿐이다.

다음 성경말씀을 읽어보자.

"그때에 예수께서 대답하여 가라사대 천지의 주재이신 아버지여 이것을 지혜롭고 슬기 있는 자들에게는 숨기시고 어린아이들에게는 나타내심을 감사하나이다 옳소이다 이렇게 된 것이 아버지의 뜻이니이다 내 아버지께서 모든 것을 내게 주셨으니 아버지 외에는 아들을 아는 자가 없고 아들과 또 아들의 소원대로 계시를 받는 자 외에는 아버지를 아는 자가 없느니라" (마 11:25-27).

우리는 이 말씀을 통해서 한 가지 분명한 교훈을 얻을 수 있는데, 그것은 진리에는 몸만 있는 것이 아니라 영(靈)도 있다는 것이다. 우리는 진리의 몸이 전부라고 생각하기 때문에 그것을 놓으면 죽는 줄 알지만, 진리의 몸 안에는 진리의 영도 있다. 우리는 이 영을 소유해야 한다. 만일 그렇지 못하면 우리에게는 죽은 시체만이 남게 된다.

### 성령님은 말씀이 있는 곳으로 들어오신다

세대에서 세대로 이어지면서 교회들은 사도신경과 진리를 붙들고 늙어간다. 새로운 교인들이 생겨서 과거와 똑같이 사도신경과 진리를 붙들고 있는 가운데 교회는 계속 나이를 먹는다. 그러던 중 신실한 말씀의 종이 찾아와 기관총을 마구 쏘아대어 사람들을 움직이게 만든다. 그들의 기도를 들으신 하나님께서 교회에 찾아와 역사하신다. 그러면 그동안 자기가 구원받았다고 믿고 있던 사람들이 진짜 구원을 받는다. 단지 경전을 믿고 있던 사람들이 비로소 그리스도를 믿게 된다.

무슨 일이 일어난 것일까? 이야기는 간단하다. 교회가 신약시대의 모습을 되찾은 것이다. 호화판 기독교가 찾아온 것이 아니라 본래의 기독교가 도래한 것이다.

오랫동안 교회를 열심히 다니며 성경말씀을 읽고 암송하고 인용하고 가르치는 어떤 사람이 있다고 치자. 이런 사람이 교회의 집사가 되는 경우도 있다. 심지어 당회의 회원이 되거나 교회 어느 한 부서의 지도자가 될 수도 있다. 그러다가 어느 날 외부 강사나 자기 교회 목회자의 뜨거운 설교를 듣고 이 사람이 갑자기 하나님의 필요성을 느낀다. 그는 자신의 과거 신앙생활을 다 잊어버리고 하나님 앞에 무릎을 꿇는다. 다윗처럼 영혼을 쏟는 기도를 드린다. 그리고 벌떡 일어나 "나는 26년 동안 이 교회의 집사였지만, 오늘밤 비로소 거듭났습니다"라고 간증한다.

무슨 일이 일어난 것일까? 이 사람은 진리의 죽은 몸을 믿고 있다가 은혜가 충만한 설교자의 설교를 통해 진리에 영(靈)이 있다는 사실을 깨달은 것이다. 하나님께서 그에게 진리에는 몸뿐만 아니라 영이 있다는 사실을 은밀히 가르쳐주시고, 말씀을 깨달아 회개하고 순종한 그의 믿음에 응답하여 빛을 비춰주신 것이다. 그럴 때 하늘에서 갑자기 번개가 치듯이 그의 영혼이 조명을 얻었고, 그리하여 그가 평소에 외우고 있던 말씀의 의미가 심령에 와 닿은 것이다.

감사하게도, 그는 성경말씀을 외우고 있었고, 그가 알고 있던 모든 진리가 마치 꽃들이 순식간에 만개하듯이 빛 가운데서 활짝 피어난 것이다.

나는 말씀을 암송하는 것을 찬성한다. 우리는 말씀을 알아야 한다. 우리는 교회의 찬송가와 복음성가로 우리 심령을 채워야 한다. 물론 성령님이 오시기 전까지는 이런 것들이 의미가 없다. 하지만 성령께서 우리 마음 가운데 오신다면 이런 것들을 연료로 사용하여 불을 붙이실 것이다. 점화(點火)가 없는 곳에서는 연료가 무용지물이지만, 점화를 시도해도 연료가 없으면 불은 붙지 않는다. 이처럼 진리의 몸이 없는 교회에는 성령님이 임하시지 않는다. 성령님은 진공상태 속으로 들어오시는 것이 아니라 말씀이 있는 곳으로, 즉 연료가 있는 곳으로 들어오시기 때문이다. 불이 떨어지면 연료가 연소(燃燒)되면서 희생제물을 태운다!

### 이것이 회개이다!

예수님은 하나님의 뜻을 행하고자 하는 자는 주님의 교훈이 하나님께로부터 온 것을 안다고 말씀하셨다. 정상적인 사람이라면 누구나 이 말씀의 의미를 이해할 것이다. 이 말씀의 의미는 누구나 이해할 수 있지만, 진리를 아는 사람은 오직 성령님의 조명을 받은 사람뿐이며, 오직 준비된 자만이 조명을 받을 수 있다. 그렇다면 어떻게 준비되어야 하는가?

예수님은 하나님의 뜻을 행할 마음이 있는 자들에게 빛이 비친다고 말씀하셨다. 하나님께서는 그런 자들에게 조명을 허락하신다.

우리는 예수님을 편리하게 이용하기를 원한다. 주님이 우리를 해안가로 데려다 주는 구명보트가 되어주기를 원한다. 우리가 길을 잃었을 때 우리를 찾아오는 안내인이 되어주기를 원한다. 요컨대 우리가 어려움에 처했을 때 우리를 돕는 '마음씨 좋은 친구'가 되어주기를 원한다. 그러나 이런 식의 사고방식은 성경적이지 않다. 그분은 주님(주인님)이시다. 우리가 하나님의 뜻을 행하려고 하는 것이 곧 회개이며, 회개하는 자에게는 진리의 빛이 비친다. 진정으로 회개하는 사람은 생애 최초로 "내 목숨을 바치는 한이 있더라도 나는 주님(주인님)의 뜻을 행할 것이다"라고 고백하는 자신의 모습을 발견할 것이다.

성령님의 조명은 우리 심령에서 일어난다. 자기 소견에 옳은 대로 행하던 사람이 하나님의 뜻을 따르겠다고 결심하는 것이 회개이다.

아버지께서 우리에게 말씀하지 않으면 우리는 아들을 알 수 없다. 아들이 아버지를 계시하지 않으면 우리는 아버지를 알 수 없다. 내가 하나님에 대해 알 수 있지만, 그것은 진리의 몸일 뿐이다. 그러나 내게 순종할 마음이 없다면 나는 하나님을 알 수 없다. 즉, 진리의 영(靈)을 알 수 없다. 참된 제자의 길은 예수 그리스도께 순종하고 그분께 배우고 그분을 따르고 그분의 명령을 지키는 것이다. 이렇게 하는 사람이 그리스도인이다. 그렇지 않은 사람은 그리스도인이 아니다.

당신이 어떤 교회의 상태를 판단하려고 할 때, 그 교회가 복음주의 교회인지 묻지 말라. 오히려 그 교회가 "문자의 계시만으로 충분하다"라고 말하는 복음주의적 이성주의 교회인지 아니면, "문자의 계시만으로는 충분하지 않고 성령께서 임하셔야 한다"라고 말하는 교회인지를 판단하라.

성경이 의미 있으려면 내가 말씀에 순종해야 한다. 순종하지 않는 자에게는 진리가 아무 의미가 없다. 진리는 빛에 순종하지 않는 자에게는 생명을 주지 않는다.

"저가 빛 가운데 계신 것같이 우리도 빛 가운데 행하면 우리가 서로 사귐이 있고 그 아들 예수의 피가 우리를 모든 죄에서 깨끗하게 하실 것이요"(요일 1:7).

예수 그리스도께 순종하지 않는 사람에게는 조명이 주어지지 않는다.

### 순종하는 자가 진리를 안다

성령의 조명은 실제로 일어난다. 나는 "예수의 영이 보혈에 응답하시고, 내가 하나님께로서 난 자라고 내게 말씀하신다"라는 찰스 웨슬리(Charles Wesley, 1707~1788. 영국의 유명한 찬송시 작가로서 존 웨슬리의 동생)의 말이 무슨 뜻인지 안다. 예수님의 말씀 안에는 "내 뜻을 행하기를 원하는 자들은 마음에 계시를 받을 것이다. 그리고 그들은 자기들이 하나님의 자녀라는 사실을 깨닫게 해주는 내적 조명을 받을 것이다"라는 뜻이 들어 있다.

어느 한 죄인이 설교자가 던지는 '결신(決信)에의 초대'를 받고 설교단으로 나갔다고 치자. 설교자는 그에게 밑줄이 잔뜩 그어진 신약성경의 구절들을 근거로 내세우며 그를 설득하여 천국에 집어넣는다. 그러나 교회를 나온 그 죄인이 첫 번째 횡단보도를 건너기 전에 마귀가 나타나 설득하여 그를 천국의 문턱에서 빼낸다.

이런 일이 얼마든지 일어날 수 있다. 그러나 이런 죄인에게 내적 조명, 즉 내적 증거가 주어지면 그는 보혈에 대한 성령님의 응답을 받아 마귀의 설득에 결코 넘어가지 않는다. 사람들이 그를 설득하기 위해 무슨 말을 늘어놓든지 그는 확고하다. 그는 "나는 진리를 안다"라고 말할 것이다. 물론 이런 사람이 완고하거나 오만한 것은 아니다. 그는 단지 확신에 차 있을 뿐이다.

이런 사람의 한 가지 예를 들어보자. 어떤 복된 그리스도인 형제가 있었다. 공장 노동자인 이 사람은 누군가의 권유로 어떤 모임에 참석했다. 모임에서 어떤 사람이 앞으로 나오더니 자기가 기독교가 틀렸다는 것을 증명하겠다고 말하며 강연을 시작했다. 그의 강연은 강력한 힘을 가졌고, 온갖 정교한 논리로 무장되어 있었다. 모임이 끝나고 나오는 길에 이 공장 노동자를 초대한 사람이 그에게 "자, 강연을 듣고 나니 무슨 생각이 듭니까?"라고 물었다. 그러자 이 형제는 "그 강사가 저를 너무

늦게 찾아왔군요. 25년이나 늦었습니다. 그 강사가 도저히 일어날 수 없다고 말하는 일을 하나님께서는 이미 25년 전에 제 삶 속에서 행하셨습니다"라고 대답했다.

그렇다! 이것이 기독교이다. 우리는 이 형제처럼 믿어야 한다. 하나님의 뜻을 행하고자 하는 사람은 진리(사실)가 무엇인지 안다. 그는 분명히 알 것이다. 하지만 어떤 사람들은 하나님께 순종하지 않고 그리스도를 따르지 않는다. 그들은 하나님께서 하라고 명하신 일을 행하지 않고, 그것에 걸려 앞으로 나아가지 못한다.

그들은 성경 강좌를 듣겠다고 말한다. 성경 강좌를 수강하면서 그들은 분석하고 종합하는 법을 배우고, 그 밖에 여러 가지 연구법을 배운다. 그러나 하나님께 순종하지 않는다면 성경 강좌를 수강할 시간에 차라리 만화를 보는 편이 더 나을 것이다. 이 세상의 모든 성경 강좌를 다 들어도 성령의 조명을 얻을 수 있는 것은 아니다. 성경 강좌를 열심히 들으면 머리에 지식을 채울 수는 있지만, 그것은 말 그대로 머릿속에 든 지식일 뿐이다. 하나님께 순종하겠다고 결심할 때 비로소 그 지식이 마음으로 내려간다. 그때 비로소 알게 된다. 오직 진리의 종만이 진리를 알 수 있다. 오직 순종하는 자만이 내적 변화를 경험한다.

### 순종인가, 맹목인가?

우리는 영적인 영역 밖에 서서 모든 정보를 알고 모든 지식을 얻지만, 참된 제자가 되지 못할 수 있다. 즉, 예수 그리스도를 아는 참된 제자가 아닐 수 있다. 언젠가 나는 그리스도인이 아닌 사람이 쓴 영적인 삶에 관한 책을 읽었다. 그는 뛰어난 지성을 갖춘 날카로운 영국 사람이었다. 그는 영적인 영역 밖에 서서 영적인 사람들을 검토했지만 아무 유익을 얻지 못했다. 사실 이런 일은 얼마든지 일어날 수 있다.

당신이 아무리 교묘한 논리를 만들어내도 소용없다. 성경을 읽어보라. 정직한 마음으로 성경을 읽는다면 당신은 순종 아니면 맹목이라는 결론에 도달할 것이다. 로마서를 한 구절 한 구절 다 암송한다 할지라도 내적인 맹목 상태에서 벗어나지 못할 수도 있다. 시편을 다 인용한다 할지라도 내적 맹목에 빠져 있을 수 있다. 이신칭의(以信稱義)의 교리를 알고, 루터 같은 종교개혁가들의 견해에 동의한다 할지라도 내적으로 맹목일 수 있다. 조명을 주는 것은 진리의 몸이 아니라 진리의 영(靈)이기 때문이다.

당신이 주 예수께 순종하려고 한다면 주님이 당신의 영에 빛을 비추실 것이다. 즉, 내적 조명을 주실 것이다. 그렇게 되면 지적으로 알고 있던 진리가 영적 지식이 될 것이다. 능력이 흘러나올 것이며 당신이 놀랍게 변화될 것이다. 사람들을 변화시키는 기독교를 믿는 것은 유익한 일이다.

나는 오로지 지적 지식만을 가진 이름 있는 모임에 속하기보다는 영적 지식을 가진 보잘것없는 모임에 속하고 싶다. 그리스도께서 다시 오실 그날에 정말 중요한 것은 '내적 조명을 받았는가?', '내적으로 거듭났는가?', '내적으로 깨끗해졌는가?'이다.

그러므로 정말 중요한 질문은 "당신이 진리의 영을 통해 예수 그리스도를 아는가?"이다.

chapter 03
# 하나님을 구명조끼로 취급하는
## 저급한 신앙에서 벗어나라

사업이 잘되게 해주거나 안전한 비행이 되도록 지켜주기 위해 하나님께서 존재하신다는 사고는 저급한 신앙이다. 하나님의 성품을 믿고 하나님의 아들의 공로를 의지하는 자가 하나님 아버지께 구한 것을 받는다.

### 상업화에 물든 기독교

믿음은 교인들이 한 번쯤 심도 있게 생각해보고 싶어 하는 주제이다. 기도 응답에 대한 하나님의 약속 중에서 가장 많이 인용되는 성구(聖句)가 있는데, 그것이 바로 우리가 이 장(章)에서 살펴볼 약속이다. 예수님은 제자들에게 이렇게 말씀하셨다.

"너희가 내 이름으로 무엇을 구하든지 내가 시행하리니 이는 아버지로 하여금 아들을 인하여 영광을 얻으시게 하려 함이라 내 이름으로 무엇이든지 내게 구하면 내가 시행하리라"(요 14:13,14).

어떤 사람들은 믿음을 통해 우리 가운데 기적과 기사(奇事)가 더 많이 나타나지 않는 것에 대해 걱정한다. 우리 시대에 모든 것은 상업화되어 있다. 그러므로 나는 상업화된 기적을 믿지 않는다고 말할 수밖에 없다.

오늘날 일부 교회들은 주식회사처럼 변해버렸다. 그래서 기적주식회사, 찬양주식회사, 선교주식회사, '비전 없는 백성은 망한다'라는 현수막을 내건 교회들이 난무하고 있다. 그러나 나는 조직화되어야 하는 표적과 기사에 의심의 눈초리를 보내지 않을 수 없다. 조직의 이름과 출처를 밝히고, 회장을 뽑아야 하고, 조명등과 카메라를 갖춘 큰 트레일러를 끌고 다녀야 하는 표적과 기사는 의심스러운 것이다. 거기에는 하나님이 계시지 않는다.

그러나 믿음의 사람이 혼자 광야로 들어가 무릎을 꿇고 하늘을 향해 기도하면 거기에는 하나님이 계신다. 어떤 설교자가 당당히 일어나 복음을 전하고 자기가 설교한 대로 산다면 거기에는 하나님이 계신다. 그리스도인 자매가 오직 하나님께 응답을 받겠다는 각오로 주님만을 의지한다면 거기에는 하나님이 계신다.

이제 당신은 내가 믿음에 대해 어떻게 생각하는지 어느 정도 짐작이 갈 것이다. 우선 나는 '자기의 믿음을 믿는 믿음'에 반대한다. 현재 이런 믿음에 의지하는 경향이 매우 널리 퍼져 있다. 또 일부 설교자들은 이런 경향을 더욱 확산시키고 있다. 그 결과, 사람들은 자신의 믿음(확신)을 믿는다. 그들은 우리가 우리 자신의 믿음의 능력을 믿어서는 안 되고, 주 예수 그리스도와 주님의 사역을 믿어야 한다는 사실을 망각하고 있다. 나는 이런 믿음을 결코 전할 수 없다. 이제까지 그런 믿음을 전하지 않았고, 앞으로도 전하지 않을 것이다. 나는 그런 믿음을 전할 정도로 어리석지 않다.

요한일서에서 요한은 성령의 감동을 받아 이렇게 말한다.

"그를 향하여 우리의 가진 바 담대한 것이 이것이니 그의 뜻대로 무엇을 구하면 들으심이라 우리가 무엇이든지 구하는 바를 들으시는 줄을 안즉 우리가 그에게 구한 그것을 얻은 줄을 또한 아느니라"(요일 5:14,15).

### 이성을 초월하는 믿음

우리는 예수 그리스도를 온전히 믿는다. 예수님은 우리의 믿음의 근원과 근거이시다. 믿음의 나라에서 우리는 주님과 교제한다. 믿음의 나라에서 우리는 전능하신 하나님, 본질적으로 거룩하신 하나님, 거짓말을 하실 수 없는 하나님과 교제한다. 우리가 영적으로 하나님의 성품을 더욱 깊이 느끼고 이해하고 신뢰할 때, 우리의 확신도 더 커진다. 우리가 교제하는 분은 성실하심과 진실하심이 무한하신 분이다.

그러므로 하나님을 향하여 우리의 가진 바 담대한 것은 이것이다. 믿음은 그것의 하늘 날개로 저 빛나는 정상을 향해 솟아올라, 만족함 가운데 "하나님이 말씀하시면 모든 것이 하나님의 말씀대로 이루어진다"라고 고백한다. 우리에게 이런 확신을 주는 것이 바로 하나님의 성품이다.

이제 나는 다시 복음주의적 이성주의자와 복음주의적 신비주의자 사이의 큰 차이점에 대해 언급하지 않을 수 없다(이것은 내가 바로 앞 장에서 다룬 주제이다). 하나님의 일을 인간의 이성(理性)으로 증명하려고 시도하는 것과, 하나님의 성품에 근거하여 하나님을 믿는 것 사이에는 큰 차이가 있다. 오늘날 복음주의적 이성주의자들은 모든 것을 설명하고 증명하려고 애쓴다. 그 결과 우리의 믿음은 이성화(理性化)되고, 우리는 전능하신 하나님을 인간의 이성이라는 낮은 수준으로 끌어내린다.

나는 인간의 이성과 믿음이 서로 모순된다고 주장하지 않지만, 믿음이 이성보다 우위에 있다고 확신한다. 하나님의 진리를 믿는 사람은 새로운 세계, 즉 이성을 초월하는 무한한 세계로 들어온 것이다.

"여호와의 말씀에 내 생각은 너희 생각과 다르며 내 길은 너희 길과 달라서 하늘이 땅보다 높음같이 내 길은 너희 길보다 높으며 내 생각은 너희 생각보다 높으니라"(사 55:8,9).

믿음은 이성과 모순되지는 않지만, 이성에 개의치 않으면서 이성을 초월한다.

성경본문(요 14:13,14)에서 이런 것들을 다룰 때 우리는 우선 우리 주님의 분명한 말씀으로 돌아가야 한다. 예수님은 "내 이름으로 무엇이든지 내게 구하면 내가 시행하리라"(요 14:14)라고 말씀하셨다. 끈질기게 기도해도 우리에게 아무 결과가 없을 때가 종종 있다. 이 사실을 은폐하거나 부인하려고 발버둥 치는 것은 무익한 짓이다. 우리는 주일마다 전 세계를 구원해달라고 기도하지만, 세상은 구원받지 못한 채 그대로 있다. 우리가 기도한 후에 우리에게 돌아오는 것은 기도 소리의 메아리뿐이다. 습관적으로 기도하지만 응답이 없는 기도는 그리스도의 교회에 큰 해를 입힌다.

### 응답 없는 기도의 위험성

장기간 기도했는데도 응답이 없으면 기도하는 사람은 낙심한다. 응답을 기대하지도 않으면서 보채는 아이처럼 구하고 또 구하는 사람은 결국 낙심하고 만다.

계속 기도하지만 응답을 받지 못할 경우, 우리는 우리 마음의 타고난 불신(不信)을 확인하게 된다. 그러나 이것을 기억하라.

**인간의 마음은 본래 불신으로 가득하다! 최초의 죄는 불순종이 아니라 불신이었다. 성경에 기록된 최초의 죄는 불순종이지만, 불순종의 행위 뒤에는 불신의 죄가 있었다. 불신의 죄가 없었다면 불순종은 일어나지 않았을 것이다.**

기도 응답이 없을 때 어떤 이들은 종교가 헛된 것이라고 생각한다. 오늘날 많은 사람들이 '종교는 개인이 마음속으로 믿고 마는 것이다. 종교는 헛된 것이다'라고 생각한다.

물론 종교가 반드시 눈에 보이는 것과 결부되는 것은 아니다. 내가 '호수'를 설명할 때 사람들은 물이 괴어 있는 큰 못을 머릿속에 떠올릴 것이다. 내가 '별'에 대해 말할 때 사람들은 밤하늘이나 우주를 떠올릴 것이다. 그러나 내가 '신앙', '믿음', '하나님' 또는 '천국'에 대해 말할 때 사람들은 이런 단어들과 관련된 어떤 구체적인 이미지를 연상하지 않는다. 대부분의 사람들은 이런 단어들이 실재(實在)가 없는 단지 말뿐이라고 생각한다. 마치 '요정'이나 '도깨비' 같은 단어들처럼 말이다. 이처럼 우리가 계속 기도했는데도 응답을 받지 못하면, 우리 마음속에서는 '내가 믿고 있는 것이 말짱 헛것이 아닌가?'라는 의심이 고개를 쳐든다.

우리는 기도에 실패함으로써 최악의 결과를 낳을 수 있는데, 아마도 그 최악의 결과는 원수 마귀에게 진지(陣地)를 빼앗기는 일일 것이다. 군사 작전이 실패했을 경우, 제일 치명적인 손실은 인명 피해나 명예 손상이 아니라 진지를 적에게 빼앗기는 것이다. 영적 싸움에서 기도의 실패 때문에 진지를 빼앗기는 것 역시 비극이며 재앙이다. 마땅히 우리는 마귀를 패퇴(敗退)시켜야 한다. 그런데 우리는 종종 기도에 실패함으로써 하나님을 대적하는 이 원수가 승리를 거두어 오만과 조롱의 눈빛으로 우리를 바라보도록 틈을 제공한다. 마귀에게 지면 주님의 일은 그만큼 방해를 받는다. 하나님의 일에 아무런 진전이 없게 만든다.

### 불신앙은 명백한 죄이다!

우리가 예수님의 이름으로 무엇을 구하든지 다 받을 것이라는 주님의 말씀에 주목하라. 이 말씀을 강조하기 위해 요한은 "그를 향하여 우리의 가진 바 '신뢰'가 이것이니"(요일 5:14. 개역한글성경에는 "그를 향하여 우리의 가진 바 담대한 것이 이것이니"라고 번역되어 있다 - 역자 주)라고 말한다. 여기서 우리는 "신뢰"라는 말 대신에 '담대함'이나 '확신'이라는 말을 사용할 수 있는데, 이것은 나의 주관적인 해석이 아니라 헬라어 본문의 단어가 '담대함'이나 '확신'이라는 말로 번역될 수 있기 때문이다. 사실 '신뢰'라는 단어만으로는 헬라어의 의미를 정확히 전달하기 어렵기 때문에 어떤 번역자들은 '담대함'으로, 또 어떤 번역자들은 '확신'으로 번역했다.

바로 여기서 믿음의 사람과 이성의 사람이 결별한다. 불신앙의 사람은 이런 교훈, 즉 "우리가 하나님을 확실히 믿으면, 하나님이 예수님의 이름으로 구하는 것은 무엇이든지 주실 것이다"를 정면으로 거부한다. 불신앙의 사람은 이런 일이 일어날 수 없다고 주장한다. 그는 인간의 이성으로 증명되지 않는 한 이것을 받아들일 수 없다고 말한다.

불신앙은 단지 정신적 차원의 문제가 아니다. 그것은 도덕적 차원에 속한다. 불신앙은 명백한 죄이다. 왜냐하면 부도덕한 마음에서 불신앙이 나오기 때문이다. 불신앙은 사람들이 마음으로 진리를 붙잡는(이해하는) 데 실패하기 때문에 발생하는 것이다. 불신앙은 정당성 없는 논리적 전제(前提)에서 나오는 것이 아니다. 불신앙은 논리적 전제에서 추론을 잘못하여 내린 결론이 아니다. 불신앙은 도덕적 죄이다. 하나님의 약속을 믿을 수 없다고 말하는 사람은 지금 우리가 다루는 이 주제를 이해하지 못할 것이다. 그들은 "요한의 증거, 곧 '하나님께서 우리의 기도를 듣고 응답하신다'보다 더 확실한 증거가 우리에게 주어지면 믿겠다"라고 말한다.

그들이 이런 논리를 내세운다 할지라도 믿음의 사람은 확신

가운데 거한다. 신자는 인간의 이성을 의지하지 않는다. 인간의 이성을 완전히 무시하는 것은 아니지만, 신자는 이성의 한계를 초월하는 일들이 있다는 사실을 잘 안다.

### 인간의 이성을 무시하는 것이 아니다

나는 인간의 이성을 거슬러 말한 적이 없다. 다만 나는 이성이 그것의 영역을 초월하는 문제에서 주제넘게 나서는 것에 반대할 뿐이다. 이성이 나설 만한 자격이 있는 부분에서 나는 "이성이 제 역할을 하게 하라"라고 말하고 싶다. 당신의 집에 병따개가 있을 것이다. 누가 설명하지 않아도 당신은 그것을 이용해 병을 딸 것이다. 그것을 이용해 어린아이의 양말을 수선하지는 않는다. 그렇게 하는 것은 이성이 당신을 인도하기 때문이다. 거의 모든 집의 차고나 작업실에 망치와 톱이 있을 것이다. 우리는 그것들이 어디에 쓰이는 것인지, 그것들을 어떻게 써야 하는지를 안다. 거실에 벽지를 바르거나 현관을 청소하는데 그것들을 쓰지는 않는다.

이성이 감당할 수 있는 영역에서는 이성을 사용하라. 그러나 이성이 나서면 안 되는 영역이 있다. 왜냐하면 그곳은 이성의 한계를 초월하는 곳이기 때문이다.

우리는 예수님이 동정녀에게서 나신 것을 이성으로 알 수 없다. 우리는 그것을 믿음으로 안다. 우리는 예수님이 인간이 되신 하나님으로서 세상 죄를 위해 죽으셨다는 것을 이성으로 알 수 없다. 하지만 우리는 믿음으로 그것을 안다. 우리는 예수님이 죽은 자들로부터 다시 사셨다는 것을 이성으로 증명할 수 없다. 하지만 우리는 믿음으로 그것을 아는데, 그것은 믿음도 인식의 한 도구이기 때문이다. 이성주의자들은 인간의 두뇌만이 인식의 도구라고 믿고, 감정이 인식의 도구인 것처럼 믿음도 인식의 도구라는 사실을 깨닫지 못하거나 망각하고 있다.

날씨가 더우면 우리가 그것을 아는데, 감정(느낌)이 인식의 한 도구이기 때문이다. 남자가 여자를 사랑할 때 그는 그것을 안다. 어떻게 아는가? 그가 자기의 사랑을 이성의 기초 위에 세우기 위해 백과사전을 읽는가? 그렇지 않다. 그가 자기의 심장이 뛰는 소리를 듣기 때문에 아는 것이다. 즉, 감정(느낌)으로 아는 것이다.

이성이 인식의 도구이듯이 감정도 인식의 도구이며, 감정이 인식의 도구이듯이 믿음도 인식의 도구이다. 그러므로 하나님을 믿는 사람은 단순히 이성적으로 추론하는 사람이 도달할 수 없는 인식에 도달한다.

이성은 "나는 예수님이 산 자와 죽은 자를 심판하기 위해 오실 것을 안다"라고 말할 수 없지만, 믿음은 그렇게 말할 수 있다. 이성은 "나는 죄를 용서받았다"라고 말할 수 없지만, 믿음은 하나님께서 우리 죄를 용서하고 기억하지 않으신다는 것을 안다. 믿음은 이성을 무시하지 않으면서도 이성을 초월한다. 지성(知性)은 믿음 뒤에서 그것을 겨우 따라갈 뿐이다. 마치 어린아이가 어른을 힘겹게 따라가듯이 말이다.

이런 이유 때문에 신약성경에 "기이히 여기다"라는 말이 자주 등장하는 것이다. 사람들은 예수님을 보고 기이히 여겼다. 주님의 행하심을 보고 놀라며 기이히 여겼다. 믿음이 전진하면서 기사(奇事)를 행할 때 이성은 뒤따라가면서 눈이 휘둥그레져서 입을 다물지 못한다. 이렇게 될 수밖에 없다!

### 다리가 짧은 이성

그러나 오늘날 벌어지는 현상은 어떤가? 사람들은 다리가 짧은 이성을 앞서 걸어가게 하지만, 믿음은 결코 그 뒤를 따르지 않는다. 이런 현상을 기이히 여기는 사람은 한 명도 없는데, 그것은 모든 것이 설명되기 때문이다. 내가 언제나 외치듯이, 믿음 있는 그리스도인은 그 자체가 기적이다! 만일 그리스도인을 다 설명할 수 있다면 그 순간 그리스도인은 사라지고 말 것이다.

나는 윌리엄 제임스(William James, 1842~1910, 미국의 철학자 및

심리학자)가 인간의 삶에서 나타나는 하나님의 기이한 일들을 심리학적으로 분석하려고 시도한 글을 읽어본 적이 있다. 그러나 하나님의 자녀는 인간의 이성으로 설명할 수 없는 존재이다.

그리스도인은 거듭남을 통해 예수 그리스도와 관계를 맺는데, 이것은 심리학이 설명할 수 없는 하나님의 영(靈)의 일하심에 의해 이루어진다. 그러므로 나는 믿음이야말로 최고 형태의 이성이라고 말하지 않을 수 없는데, 그것은 믿음이 하나님께로 곧바로 나아가기 때문이다. 우리 주 예수 그리스도는 우리보다 앞서 달려가셨고, 전능하신 하나님께서 우리를 위해 일하시도록 길을 열어놓으셨다. 오직 이 방법을 통해서만 우리는 하나님께서 우리를 창조하신 목적을 이룰 수 있고, 존재의 근원이신 분과 교제할 수 있다. 오직 이 방법을 통해서만 우리는 생명의 원천이신 분을 사랑하고, 우리를 거듭나게 하시는 분께 기도할 수 있다. 오직 이 방법을 통해서만 우리는 하나님께서 천지를 만드셨다는 지식 안에서 안식을 누릴 수 있다.

우리가 천문학자가 아니라 할지라도 하나님께서 별들을 만드셨다는 사실을 알 수 있다. 우리가 물리학자가 아니라 할지라도 하나님께서 우주의 질서를 창조하셨다는 사실을 알 수 있다. 여러 분야의 전문적이고 구체적인 지식을 모른다 할지라도 우리는 지식의 근원이신 하나님을 안다. 우리는 휘장을 뚫고

들어가 하나님께로 곧바로 나아갈 수 있다. 하나님 앞에서 하나님의 놀라운 일이 벌어질 때, 우리는 숨을 죽이고 눈을 크게 뜨고 응시하지 않을 수 없다. 우리를 하나님께로 곧장 나아가게 하는 것이 바로 믿음이다. 우리는 이성으로 믿음을 증명할 수 없다. 결코 할 수 없다!

어찌하여 일부 기독교 저술가들은 자기들이 전능하신 하나님을 도와드려야 한다고 생각하는가? 언제나 그들은 성경을 지지해준다고 생각되는 과학적 사실들을 몇 개씩 인용해 글을 쓴다. 물론 그들은 선한 의도를 가지고 그렇게 하지만, 유감스럽게도 잘못된 방향으로 가고 있는 것이다. 물론 그들 대부분은 나보다 훌륭한 사람들이지만, 그들의 방법은 잘못되었다. 지금까지 발견된 과학적 사실을 전부 긁어모아 인용한다 할지라도 그들은 영적 사실을 한 가지도 증명하지 못할 것이다. 왜냐하면 서로 영역이 다르기 때문이다. 하나는 이성의 영역이고, 다른 하나는 하나님을 믿는 믿음의 영역이다.

해가 서쪽에서 떠서 동쪽으로 이동한다 할지라도, 계절이 여름에서 곧바로 겨울로 바뀐다 할지라도, 들판의 옥수수가 위로 자라지 않고 밑으로 자란다 할지라도 하나님과 성경에 대한 내 생각은 바뀌지 않을 것이다. 하나님을 믿는 믿음이 어떤 과학적 사실의 도움을 받아야 비로소 설 수 있는 것이 아닌데, 이에 대한 나의 신념은 확고하다. 무슨 말을 동원한다 해도 다 표현할 수 없을 만큼 확고하다!

### 믿음은 하나님의 성품에 근거한다

우리가 하나님을 향해 신뢰와 담대함을 가질 수 있는 것은 그분이 하나님이시기 때문이다. 우리는 하나님의 성품에 대해 충분히 배웠기 때문에 하나님을 얼마든지 의지할 수 있다.

아마 당신은 성경구절을 더 많이 암송하면 더 큰 믿음이 생길 것이라는 말을 들어본 적이 있을 것이다. 나는 회심한 이후 성경구절을 암송해왔지만, 내 믿음이 하나님의 약속에 근거하는 것이 아니라는 사실을 깨달았다. 내 믿음은 하나님의 성품에 근거한다. 믿음은 약속하신 분을 믿고 의지하는 것에 근거한다. 아브라함에 대해 성경은 "하나님의 약속을 의심치 않고 믿음에 견고하여져서 하나님께 영광을 돌리며 약속하신 그것을 또한 능히 이루실 줄을 확신하였으니"(롬 4:20,21)라고 증거한다. 영광은 하나님께 돌아갔지, 약속이나 아브라함의 믿음에게 돌아가지 않았다.

그렇다면 약속은 무엇을 위한 것인가? 하나님은 우리에게 약속을 주시는데, 그것은 우리가 우리를 위한 하나님의 계획을 알고, 하나님이 우리에게 주실 것을 믿고 그분께 구하도록 하기 위함이다. 이것이 약속이다. 약속은 우리의 인식(認識)을 인도하는 안내자이다. 약속은 약속하신 분의 성품과 능력에 근거한다.

예를 들어보자. 내 재산은 주로 책이다. 그리고 우리 집에 가구들이 좀 있지만 아주 많은 것은 아니고, 그것들 중 고가품은 하나도 없다. 이렇게 내 책과 가구가 나의 전 재산이다. 그런데 내 유산을 상속한 자녀들이 모여서 내 유서를 읽는다고 가정해 보자. 유서에는 이렇게 적혀 있다.

"나는 내 아들 로웰에게 멕시코 만(灣)에 있는 요트를 물려주고, 내 아들 스탠리에게는 플로리다에 있는 12만 평의 땅을 물려주고, 내 아들 웬델에게는 네바다에 있는 광산 채굴권을 모두 물려준다."

이럴 경우에 그들의 반응이 어떨까? 당신은 쉽게 짐작할 수 있을 것이다. 그들은 나를 불쌍히 여기면서 이렇게 말할 것이다.

"가엾은 아버지, 이런 유서를 쓰다니 정신이 어떻게 되신 게 틀림없어. 여기에 적힌 것들 중 아버지의 소유인 게 아무것도 없잖아. 이건 아무 의미가 없어. 아버지는 이 유서의 내용을 어느 하나라도 지키실 수 없어."

그러나 우리나라에서 제일 부자인 사람이 죽었다고 가정해 보자. 상속자들이 모이고, 그들은 유서에서 자기들의 이름이 언급될 때마다 귀를 기울인다. 왜냐하면 그 유서에는 재산 분배에 대한 내용이 들어 있기 때문이다. 그들의 아버지는 그들이 자신들의 권리를 알도록 하기 위해 유서를 남긴 것이다.

이 두 가지 비유에서 알 수 있듯이, 믿음은 단지 약속에 근거하지 않는다. 믿음은 약속한 사람의 성품(인격)에 근거한다.

### 하나님의 성품에 주목하라!

성경을 읽을 때 우리는 "… 그의 뜻대로 무엇을 구하면 들으심이라 우리가 무엇이든지 구하는 바를 들으시는 줄을 안즉 우리가 그에게 구한 그것을 얻은 줄을 또한 아느니라"(요일 5:14,15)라는 구절을 읽는다. 이것은 하나님의 약속이다. 또한 우리는 성경에서 "너희가 내 이름으로 무엇을 구하든지 내가 시행하리니 이는 아버지로 하여금 아들을 인하여 영광을 얻으시게 하려 함이라"(요 14:13)라는 예수님의 말씀을 읽는다. 이것도 하나님의 약속이다.

그렇다면 이 약속들은 얼마 동안 유효한가? 이 약속들을 주신 분의 성품(인격)만큼 유효하다! 그렇다면 하나님의 성품은 얼마 동안 유효한가? 오, 이것이 우리의 확신이다. 믿음은 "하나님은 하나님이시다"라고 말한다. 하나님은 거짓말을 하실 수 없는 분이다. 하나님은 무한히 부요하신 분이기 때문에 하나님의 약속을 다 이루실 수 있다. 하나님은 누구도 속인 적이 없으시다. 하나님은 무한히 진실하신 분이다. 하나님께서 무한히 선하시고 무한히 진실하신 분이기 때문에 그분의 약속도 역시 무한히 선하고 무한히 진실하다.

그렇다면 우리는 어디에서 실수했는가? 우리의 확신에 무슨 일이 생긴 것인가?

우리는 살아 계신 하나님을 구석으로 몰아넣고 그분을 지옥의 도피처로 이용하려고 한다. 우리의 아기가 아플 때 우리는 하나님을 이용하여 도움을 받으려고 한다. 그런 다음에는 우리 뜻대로 산다. 그리고 성경의 약속을 더 많이 읽어서 우리의 믿음을 증가시키려고 한다. 하지만 이런 방법은 효과가 없다. 다시 말하지만 효과가 없다.

우리는 하나님의 약속이 아니라 하나님과 하나님의 성품에 주목해야 한다. 약속을 통해 우리는 하나님께서 우리를 위해 계획하신 것이 무엇인지, 우리의 유업(遺業)이 무엇인지, 어떻게 기도해야 하는지를 배운다. 하지만 우리의 믿음 자체는 하나님의 성품에 근거해야 한다.

내 말을 이해하기 어려운가? 어찌하여 교회들은 이런 사실을 강조하지 않는가? 어찌하여 오늘날 교인들은 하나님을 알아야 한다고 선포하기를 두려워하는가? 난파를 당했을 때 살아남기 위해 하나님을 구명보트로 이용하거나 불난 건물에서 탈출하기 위해 하나님을 사다리로 이용하는 수준에서 탈피해야 한다고 사람들에게 말하지 못하는 이유가 무엇인가? 오로지 사업이 잘되게 해주거나 안전한 비행(飛行)이 되도록 지켜주기 위해 하나님께서 존재하신다는 사고(思考)는 저급한 신앙이다. 이런 저급한 신앙에서 벗어나도록 사람들을 돕는 방법은 무엇인가?

하나님은 당신의 여행용 가방을 들어주고 안내하는 열차 승무원이 아니시다. 하나님은 하나님이시다. 하나님은 천지를 창조하셨다. 하나님은 온 세상을 손에 쥐고 계신다. 하나님은 땅의 티끌을 천칭에 달아서 재실 수 있는 분이다. 하나님은 망토를 펴듯이 하늘을 펴시는 분이다.

하나님은 전능하신 분이다. 하나님은 당신의 종이 아니다. 하나님이 당신의 아버지이시고, 당신은 하나님의 자녀이다. 하나님은 하늘에 앉아 계시고, 당신은 땅에 있다.

### 우리는 거짓말에 익숙해졌다

거짓말을 하실 수 없는 하나님 앞에서 날개로 얼굴을 가린 스랍들을 생각할 때(이사야서 6장 참조), 나는 '많은 설교자들이 왜 하나님에 대해서 설교하지 않는가?'라는 의문을 떨쳐버릴 수 없다. 설교자들이 1년 내내 하나님과 하나님의 성품에 대해서만 설교한다면 무슨 일이 벌어질까? '하나님은 어떤 분이신가?', '하나님은 어떤 속성을 갖고 계신가?', '우리는 왜 하나님을 사랑하고 신뢰해야 하는가?', 이런 주제들에 대해서만 설교한다면(이런 주제들에 대한 토저의 사상을 알려면 그의 책 「GOD」를 보라 - 역자 주) 무슨 일이 일어날까? 그러면 오직 하나님만이 우리의 생각과 온 세상에 충만하실 것이다. 신자들의 믿음이 시냇가에 심은 나무처럼 쑥쑥 자랄 것이다. 그런 다음 하나님의 약속에 대해 설교해보라. 그러면 온 교인들이 "바로 저런 분이 약속하셨으니 우리는 하나님의 약속이 이루어질 것이라고 믿는다"라고 소리 높여 외칠 것이다. 이것이 확신이요, 이것이 담대함이다!

어떤 사람들은 이런 확신이 천천히 찾아온다고 느끼는데, 그것은 우리가 거짓말이 난무하는 환경에서 태어나 성장했기 때문이다. 다윗은 큰 고통 가운데 있을 때 "모든 사람은 거짓말쟁이라"(시 116:11)라고 말했다. 그런데 그 고통스러운 상황이 지나간 다음에도 다윗이 자신의 생각을 바꾸었다는 기록은 성경에 나오지 않는데, 그것은 사람의 마음이 거짓되고 어려서부터 악하기 때문이다.

우리는 거짓말이 고급 기술로 간주되는 세상에 살고 있다. 라디오나 텔레비전을 켜보라. 20초를 넘기지 못하고 거짓말을 해대는 광고들이 홍수를 이루는 것을 알 수 있을 것이다. 우리는 거짓말에 익숙해졌다. 광고판이나 잡지는 온통 거짓말 천지이다. 주변이 전부 거짓말이기 때문에 우리는 거짓말을 들으면서도 그것이 거짓이라고 알지 못한다. 그 결과 사람들은 서로를 믿지 못한다.

만일 어떤 낯선 사람이 우리 집을 찾아와 내게 "실례합니다. 당신이 이 지역에서 제일 고상한 시민이기 때문에 당신에게 포상금을 주러 왔습니다"라고 말한다면 나는 그 사람의 말을 믿지 않을 것이다. 오히려 나는 그가 내게 사기를 치러 왔다고 생각할 것이다. 언제나 우리는 우리 주변에서 일어나는 모든 일을 액면 그대로 받아들이지 않고 의심의 눈초리로 쳐다본다.

어떤 젊은이가 어느 날 내게 찾아와 "토저 목사님, 안녕하세요?"라고 인사했다. 나는 그가 내 이름을 알고 있는 것 때문에 놀라지 않았는데, 그것은 옆집에 사는 사람에게서 내 이름을 들었을 수도 있기 때문이다. 그는 환하게 미소를 지었는데, 정말 웃는 얼굴에 침 못 뱉는다는 말이 사실이었다. 나는 그에게 "혹시 잡지를 팔러 오셨나요?"라고 물었다.

"잡지를 팔다니요?"라고 되묻는 그의 말투는 내가 자기를 불신했기 때문에 기분이 상했다는 듯한 느낌을 주었다. 그는 "그렇지는 않습니다"라고 말을 이었다. 그러나 나와 15분 정도 대화를 나눈 후에 그는 "사실 제가 우연히 좋은 잡지를 하나 알게 되었는데, 목사님이 관심을 갖고 정기 구독을 신청해주시면 제가 대학을 졸업하는 데 큰 도움이 될 것입니다"라고 털어놓았다. 그러면서도 처음에 그는 자기가 잡지를 팔러 온 것이 아니라고 말했던 것이다!

### 진실의 책

우리는 거짓말과 남을 속이는 것이 난무하는 세상에서 산다. 태어나면서부터 우리 마음속에는 기만(欺瞞)과 불신의 뿌리가 깊게 박혀 있었다. 그러나 우리가 하나님의 나라, 신앙의 나라로 들어가면 모든 것은 완전히 달라진다. 천국에는 거짓과 기만이 없다. 복된 하늘나라에서는 어느 누구도 남을 속이지 않는다. 또한 우리가 아끼는 성경은 절대적으로 진실한 책이다.

예수님은 이 땅에서 사역하실 때 사람들을 현혹시키기 위해 대중조작을 하지 않으셨다. 주님은 "자, 이제 손을 들어보십시오. 자, 이제 손을 내리십시오"라고 말하지 않으셨다. 당신은 기독교 사역자라고 하는 어떤 이들에게 사기꾼 기질이 있다고 느낀 적이 있을 것이다. 감사하게도, 하나님나라에는 나이가 지긋한 노인들을 등쳐 먹는 치사한 인간이 없다. 이런 사람은 나이 많은 여자를 찾아가 "당신을 보니 나를 위해 기도하는 내

어머니가 생각나는군요. 나와 함께 기도합시다. 하나님의 일을 하다보니 지금 내게 100만 원이 필요합니다"라고 말한다. 그는 그녀에게 100만 원이 있다는 사실을 알고 접근한 것이다. 결국 그녀는 그에게 100만 원짜리 수표를 주고, 그는 그것을 갖고 유유히 사라진다!

아첨과 위선적 기도를 무기로 선량한 사람들을 등쳐 먹는 사람보다 차라리 총을 들이대고 강도질하는 사람이 더 낫다. 나는 그렇게 생각한다. 이 세상에서 사람들이 정말 정직해야 할 곳이 있다면, 그곳은 바로 교회이다. 나는 사람들이 친구들을 우리 교회로 데려와서 "우리 교회 목사님의 설교는 정말 믿어도 좋다"라고 자신 있게 말할 수 있을 정도로 내가 정직하게 살고 정직하게 설교하기를 원한다. 때로는 내가 실수할 때도 있을 것이다. 그러나 나는 언제나 정직하고 싶다. 내게 권한이 부여되는 한 나는 사기꾼 같은 인간이 내 설교단에 서는 것을 결코 허락하지 않을 것이다.

다시 말하지만 성경은 항상 진실만을 말한다. 하나님은 성경을 통해 온갖 종류의 사람들에 대해 숨김없이 다 말씀하신다. 우리 같으면 숨기고 감추었을 것까지 사실대로 다 드러내신다. 성경은 하나님의 마음에 합할 정도로 신실했던 다윗이 넘어져 간음죄를 범한 사실까지도 이야기한다. 우리 같으면 이 사실은 빼고 성경을 기록했겠지만, 하나님은 그렇게 하지 않으셨다. 성경은 또한 주님의 사도인 베드로가 예수님을 모른다고 부인하며 저주한 사실까지도 기록하고 있다.

### 성경을 바르게 사용하라

당신은 성경과, 성경의 진리와, 성경이 하나님께서 하시는 일을 확실히 증거한다는 사실을 믿어도 좋다. 얼마든지 믿어도 좋다. 그렇지만 성경을 남용하거나 오용해서는 안 된다. 성경은 그리스도를 영접하면 마음에 평안을 얻을 것이라고 말하지 않는다. 성경은 그리스도인이 되면 마음이 편안해지기 때문에 매일 8시간씩 푹 잘 수 있다고 말하지 않는다. 성경은 그리스도인이 되면 갑자기 성공하게 된다거나 탈모가 멈추고 머리털이 날 것이라고 말하지 않는다.

성경은 그리스도인이 되면 지금 영생을 얻을 수 있다고 말한다. 그리스도인이 되면 십자가를 져야 하고 고난을 당하게 되지만 내세(來世)에 영광을 얻을 것이라고 말한다. 가시와 십자가와 고난과 박해를 끝까지 견디면 면류관을 얻을 것이라고 분명히 말한다.

그렇다! 성경은 그렇게 말한다. 성경은 선하고 정직한 책이다. 하나님의 성도들이 성경책을 옆에 두고 숨을 거둔 것은 놀

랄 일이 아니다.

예수님은 "너희가 내 이름으로 무엇을 구하든지 내가 시행하리니 … 내 이름으로 무엇이든지 내게 구하면 내가 시행하리라"(요 14:13,14)라고 말씀하셨다. 예수님의 이름으로 구한다는 것은 하나님의 뜻에 따라 구한다는 것을 의미한다. 그러므로 하나님의 약속이 중요하다. 왜냐하면 우리가 하나님의 뜻을 알기 위해서는 하나님의 약속을 알아야 하기 때문이다. 성경말씀을 암송하라. 예수님의 공로를 온전히 의지하기 위해 당신의 영혼을 말씀으로 가득 채워라.

예수님의 공로는 부족함이 없다. 주님이 우리를 위해 낙원에서 나오셨기 때문에 우리가 낙원에 들어갈 수 있는 것이다. 주님이 죽으셨기 때문에 우리가 살 수 있는 것이다. 주님이 십자가의 고통 가운데 아버지로부터 버림 받았기 때문에 하나님께서 우리를 받아들이실 수 있는 것이다.

우리의 믿음은 하나님의 성품과 하나님의 아들 예수 그리스도의 공로에 근거하여 존재한다. 우리가 하나님 앞에 가지고 나갈 수 있는 것은 비참하고 불쌍한 우리 자신뿐이다. 자신이 선하다는 착각에 빠져 있는 악인은 하나님나라에 영원히 들어갈 수 없다. 그러나 자신이 죄인 중에 괴수이고 은혜 받을 아무 자격이 없다는 것을 깨닫고 예수님의 공로에 의지하여 겸손히 하나님께 나아가는 자는 주님의 나라에 들어간다.

### 우리는 하나님과 협상할 수 없다

조건을 가지고 하나님과 협상하려는 자는 하나님께 나아갈 수 없다. 하지만 무조건적인 신뢰로 주님을 의지하고 하나님의 성품을 믿고 하나님의 아들의 공로를 의지하는 자는 하나님 아버지께 구한 것을 얻을 것이다.

하나님을 향해 확신을 가져라. 하나님의 뜻을 존중하라. 당신이 간증책을 쓸 수 있도록 하나님께서 당신에게 기적을 베푸실 것이라고 기대하지 말라. 심심할 때 가지고 놀 수 있는 장난감을 달라고 어린아이처럼 하나님께 유치하게 구하지 말라.

하지만 당신이 곤경에 처했을 경우에 하나님 앞에서 정직하게 행하겠다고 결심했다면 하나님을 향해 담대함(확신)을 가져도 좋다. 당신은 하나님의 아들의 공로에 의지하여 하나님께 나아가 약속을 근거로 구할 수 있다. 그러면 하나님은 당신을 실망시키지 않으실 것이다. 하나님이 당신을 도우실 것이고, 하나님이 당신의 피난처가 되실 것이다!

당신이 하나님을 믿고 의지한다면 하나님은 하늘과 땅이라도 움직이실 것이다!

chapter 04
# 언제까지 카멜레온 제자처럼
## 환경에 따라 믿을 것인가?

어디에 있든지 우리는 그리스도의 제자이어야 한다. 다이아몬드는 상황에 따라 변하지 않고 언제나 다이아몬드이다. 이와 마찬가지로 그리스도인은 언제나 그리스도인이어야 한다.

**내가 바로 그다!**

당신은 그리스도의 참된 제자인가, 아니면 다른 종류의 제자인가? 예수님은 자신을 믿는 자들에게 이렇게 말씀하셨다.

"너희가 내 말에 거하면 참 내 제자가 되고 진리를 알지니 진리가 너희를 자유케 하리라"(요 8:31,32).

우리는 언급되지 않은 것이나 기록되지 않은 것에서도 많은 것을 배울 수 있다. 예를 들어, 내가 '위'(up)라는 표현을 쓰면 내 말을 들은 사람들은 '위'가 있으니 '아래'(down)도 있겠다고 생각한다. 또 내가 '길다'라고 말하면 사람들은 당연히 '짧다'에 해당하는 것도 있겠다고 생각한다. 만일 그렇지 않다면

'길다'라는 말이 성립될 수 없다. '선하다'라는 말이 있다면 당연히 '악하다'라는 말도 있어야 한다. 만일 그렇지 않다면 '선'(善)과 상반되는 것이 존재하지 않게 된다. 이와 마찬가지로 예수님이 '참된' 제자라고 말씀하셨다면, 이와는 다른 종류의 제자가 있다는 논리가 성립된다.

참된 제자와 상반되는 다른 종류의 제자를 살펴보기 전에 우선 예수님과 바리새인들 사이에 나눈 대화를 정리해보자. 바리새인들은 예수께 "네 아버지가 어디 있느냐"(요 8:19)라고 물었다. 그러자 예수님은 담대히 "너희는 나를 알지 못하고 내 아버지도 알지 못하는도다 나를 알았더면 내 아버지도 알았으리라"(요 8:19)라고 대답하셨다. 그런 다음 또 "내가 가리니 너희가 나를 찾다가 너희 죄 가운데서 죽겠고 나의 가는 곳에는 너희가 오지 못하리라"(요 8:21)라고 말씀하셨다.

조금 후에 그들은 예수께 무례하게 "네가 누구냐"(요 8:25)라고 물었고, 이에 예수님은 다음과 같은 취지로 대답하셨다.

"나는 이제까지 줄곧 너희에게 '나는 스스로 존재하는 자이다'라고 말해온 자이다. 내가 '너희가 이 성전을 헐라 내가 사흘 동안에 일으키리라'(요 2:19)라고 말하지 않았느냐? 내가 바로 그다. 나는 내 자신을 가리켜 '인자(人子)가 하늘에 있다'(마 26:64 참조)라고 말했다. 내가 바로 그다. 나는 '네게 말하는 내가 그[그리스도]로라'(요 4:26)라고 말했고 또 '아들도 자기의 원하는 자들을 살리느니라'(요 5:21)라고 말했다. 내가 바로 그다.

나는 '나는 하늘로서 내려온 산 떡이니 사람이 이 떡을 먹으면 영생하리라 나의 줄 떡은 곧 세상의 생명을 위한 내 살이로라'(요 6:51)라고 말했다. 나는 '나는 세상의 빛이니 나를 따르는 자는 어두움에 다니지 아니하고 생명의 빛을 얻으리라'(요 8:12)라고 말했다. 내가 바로 그다. 나는 말하고 또 판단(심판)한다. 아버지께서 나와 함께 계시니 이는 내가 그분이 기뻐하시는 것을 항상 행하기 때문이다. 나는 아버지를 대신하여 말하는 자이다. 내가 바로 그다!"

### 오직 한 분

예수님이 "나는 말하고 또 판단(심판)한다. 나는 아버지의 말씀을 말한다"라고 하신 것에 주목하라. 또한 예수님이 그렇게 말씀하실 수 있었다는 것에 주목하라. 주님은 사람들이 자기 마음대로 받아들이기도 하고 거부하기도 하는 '인간적 조언'을 제공하는 일을 하셨던 것이 아니다. 오히려 예수님은 언제나 절대적이고 최종적인 권위를 가지고 말씀하셨다. 예수님은 단지 인간으로서 말씀하신 것이 아니다. 예수님의 말씀은 선한 종교에 바탕을 둔 인간적 조언이 아니다. 예수님은 하나님으로서 말씀하셨다.

예수님은 자신에게 묻는 자들에게 이렇게 말씀하셨다.

"나는 위에서 났으며 … 나를 보내신 이가 참되시매 내가 그에게 들은 그것을 세상에게 말하노라 … 내가 스스로 아무것도 하지 아니하고 오직 아버지께서 가르치신 대로 이런 것을 말하는 줄도 알리라 나를 보내신 이가 … 나를 혼자 두지 아니하셨느니라"(요 8:23,26,28,29).

예수님은 자신이 아버지의 말씀을 대언(代言)한다고 밝히신 것이다. 예수님이 하나님 아버지의 메시지를 일단 전하시면 우리는 예수님의 말씀을 뒤집기 위해 (마치 법원에 상소하듯이) 그분보다 더 높은 권위에 호소할 수 없다. 이것은 오늘날 교회들에서 볼 수 있는 일들과 완전히 다르다. 교회에서는 당회장이 "이 일은 이렇게 처리해야 한다"라고 결정했다 할지라도 교인들은 그보다 더 높은 노회장에게 호소할 수 있다. 그러나 주 예수님이 한 번 말씀하셨다면 우리는 그분의 말씀을 뒤집기 위해 예수님보다 더 높은 권위에 호소할 수 없다. 우리는 예수님의 말씀을 받아들이거나 아니면 영원한 암흑을 택해야 한다. 주님의 말씀을 믿거나 아니면 영원한 무지(無知)를 택해야 한다. 예수님의 빛을 선택하든지 영원한 암흑을 선택하든지 양자택일을 해야 한다.

이렇게 말하면 어떤 사람들은 깜짝 놀라면서 즉시 "참으로 오만한 말이다. 이런 독선이 또 어디에 있는가? 그리스도인들이 저렇게 독선적이어서는 안 된다"라는 반응을 보일 것이다. 하지만 나는 그들을 더욱 놀라게 할 수 있다. 나는 그리스도인들이 사랑을 보여야 한다고 믿지만, 진리의 문제에 있어서는 관용을 보여서는 안 된다고 확신한다! 누군가가 예수님의 이름을 욕하고, 예수님이 하나님의 아들이 아니라 사기꾼이라고 말한다 할지라도 그리스도인들은 예수님을 사랑해야 한다. 이런 사람이 내 옆집에 산다 할지라도 나는 내 집과 그 사람 집 사이에 담을 쌓지는 않을 것이다. 내가 이런 사람과 함께 일한다면 나는 그에게 친절하게 대할 것이다. 나는 이것이 기독교의 사랑이라고 믿는다.

그러나 나는 오늘날 종종 설교 시간에 들을 수 있는 '자신 없는 관용'은 믿지 않는다. 예수님이 모든 사람들에게 관대하셔야 하며, 그리스도인들이 모든 사상이나 교리에 관대해야 한다는 주장을 믿지 않는다는 말이다! 나는 단 한순간도 이런 주장에 동의하지 않는다. 왜냐하면 '옳은 것'은 여러 개가 아니라 오직 하나이기 때문이다. 한 분이신 예수님, 한 분이신 하나님, 하나의 성경만이 있을 뿐이다.

오늘날 그리스도인들은 관용을 베푼답시고 사람들을 교리적

안개와 영적 암흑 속으로 끌고 들어가는데, 이것은 그리스도인으로서 행해서는 안 될 일이다. 그것은 겁쟁이들이 하는 비겁한 짓이다. 우리는 예수 그리스도의 말씀에 무언가를 더하지도 말고 빼지도 말아야 한다. 이것이 우리가 할 수 있는 최선의 선택이다.

예수님은 자신이 하나님 아버지로부터 왔다고 주장하셨고, 성경은 예수님이 태초에 하나님과 함께 계셨던 영원한 말씀이자 하나님이시라고 선포한다. 그렇다! 이것이 바로 진리이다. 우리의 입장은 분명하다. 예수 그리스도에다 몇 가지 철학적 논리를 보탠 것이 진리가 아니라 오직 예수님만이 진리이다. 하나님 한 분만으로 충분하다!

### 참된 제자

복음주의자들이며 동시에 신학적으로 보수적인 우리는 종종 고집불통이라는 비난을 받는다. 이런 비난에 대해 나는 기독교가 아무리 고집스럽다 할지라도 기독교보다 더 오만하고 고집스러운 것이 과학과 철학이라고 대답하지 않을 수 없다. 이제까지 나는 성경책을 가지고 과학자들의 실험실에 찾아가서 그들에게 "이러이러한 방법으로 실험을 해야 합니다"라고 말한 적이 한 번도 없다. 또한 나는 과학자들이 시험관을 가지고 교회로 와서 내게 "이러이러한 방식으로 목회를 하십시오"라고 말하지 않는 것에 대해 고맙게 생각한다. 과학자들이 내 주 예수 그리스도에 대해 내게 말해줄 것은 하나도 없다. 그들이 내게 보태줄 것은 없다. 나는 그들의 조언이나 권위에 의지할 필요가 전혀 없다.

나는 플라톤과 그 밖의 철학자들을 공부했다. 플라톤은 예수 그리스도의 말씀에 무언가를 보태지 않았다. 철학을 공부하면 어느 정도 명석해지고 사고(思考)의 폭을 넓힐 수는 있지만, 철학이 나의 구원(救援)을 위해 절대적으로 필요한 것은 아니다.

우리가 다른 사람에게 관용을 베풀며 사는 것은 좋은 일이다. 또 관용할 수 없는 사람에게는 사랑을 베푸는 것이 좋다. 그러나 우리는 자신이 믿는 것이 무엇인지도 모른 채 어정쩡한 태도를 취해서는 안 된다.

어떤 정직한 사람이 예수님을 알기 위해 우리에게 찾아왔다고 가정해보자. 우리가 그 사람을 도와서 예수님을 알게 하는 데 일주일, 한 달, 1년 혹은 10년이 걸릴 수도 있다. 하지만 그 사람이 분명히 깨달아야 할 것이 있는데, 그것은 우리 주님이 주님의 말씀을 결코 번복하지 않으신다는 것이다. 예수님은 결코 모호한 대답을 하지 않으신다. 주님은 "내가 꼭 그런 의미로 말한 것은 아니다"라는 각주(脚註)를 달지 않으신다. 주님은 농담으로 어떤 말씀을 하시지 않는다. 마음에 없는 말씀을 하시지 않는다. 예수님은 영원한 말씀이시다. 우리가 예수님의 참된 제자가 되고, 또 참된 제자로서 살아가려면 주님의 말씀을 들어야 한다.

우리는 그리스도의 참된 제자들에 대해 즐거운 마음으로 생각해보아야 한다. 참된 제자는 어둠 속에서 충동적으로 뛰어오른 자가 아니다. 참된 제자는 깊고 충분히 생각한 후에 그리스도인이 되겠다고 결심한 사람이다. 참된 제자는 말씀에 비추어 자기 마음을 살피는 사람이다. 참된 제자는 자신의 죄를 깨닫고 그것에서 해방되어야 한다고 느낀 사람이다. 그는 자기를 죄에서 해방시킬 수 있는 유일한 분이 예수 그리스도라는 것을 믿는 사람이다. 그는 모호한 태도를 취하지 않고 온전히 구주(救主) 예수 그리스도께 자신을 맡기는 사람이다.

참된 제자는 어떤 때는 헌신하고, 또 어떤 때는 헌신하지 않는 사람이 아니다. 그는 삶의 모든 영역에서 그리스도인이 된 것이다. 그리스도인으로서 그는 이미 돌아갈 수 없는 지점을 통과했다. 밤낮으로 그의 뒤를 따라다녀 보라. 그가 그리스도께 성실하고 또 기쁨 중에 말씀 안에 거하는 사람이라는 사실을 알게 될 것이다.

### 다른 종류의 제자들

그렇다면 참된 제자가 아닌 사람들, 즉 다른 종류의 제자들은 누구인가?

우선 우리는 충동적으로 그리스도의 제자가 된 사람을 생각할 수 있다. 일시적으로 열정에 불타서 교회 안으로 들어온 사람이 이런 경우에 해당된다. 따라서 나는 너무 쉽게 회심한 사람에 대해 약간의 의심을 가지지 않을 수 없다. 그리스도께 쉽게 돌아온 사람은 그분을 쉽게 떠날 수도 있기 때문이다. 전혀 저항하지 않고 쉽게 굴복하는 사람은 좀 의심스럽다.

어떤 의미에서는, 진지하고 고집스러운 죄인이 오히려 더 믿을 만하다. 이런 사람은 처음에는 벌떡 일어나 전도자의 눈을 똑바로 쳐다보며 "나는 당신이 전하는 것을 믿지 않소. 앞으로도 절대 믿지 않을 것이오"라고 말할지도 모른다. 하지만 그는 장차 마음을 바꿀 수도 있다. 그는 시간을 내어 마음을 차분히 가라앉히고 말씀을 듣고 묵상할지도 모른다. 비록 시간은 좀 걸리겠지만 결국에는 그리스도의 길이 진리의 길이라고 결론 내릴 수 있다. 이런 사람이 그리스도인이 되면 그는 그리스도를 위해 큰일을 할 것이다.

반면에 쉽게 신앙을 가진 사람은 또한 쉽게 신앙을 저버릴 수 있다. 우리가 이런 사람을 설득하여 즉시 교회로 들어오게 했다면, 마귀가 그에게 겁을 주어 즉시 교회를 떠나게 만들 수 있다.

어떤 사람들은 마음의 토양이 비옥해서 '겉보기에' 제자가 된다. 예를 들어보자. 여기에 최근에 어머니와 사별한 사람이 있다. '나 집에 돌아갑니다 어머니 기도 못 잊어'라는 찬송이 울려 퍼지는 가운데 이 사람이 울면서 설교단 앞으로 나온다. 사람들은 그가 회개의 눈물을 흘린다고 생각하지만, 그는 자기 어머니를 생각하며 우는 것이다. 충동적으로 기독교에 들어온다고 해서 누구나 예수님의 참된 제자가 되는 것은 아니다. 하나님은 사람들에게 생각할 기회를 주지 않고 강제적으로 하나님나라로 밀어 넣지 않으신다. "보라 지금은 은혜 받을 만한 때요 보라 지금은 구원의 날이로다"(고후 6:2)라는 말씀은 진리이다. 하지만 그렇다고 해서 하나님께서 적절한 때가 이르기 전에, 누에를 고치에서 억지로 뽑아내듯이 준비가 안 된 사람을 강제적으로 하나님나라로 밀어 넣지는 않으신다.

"장차 시간을 내어 믿음을 갖는 문제에 대해 깊이 생각해보기를 원합니다" 또는 "성경을 읽고 믿음을 갖는다는 것이 내게 무엇을 의미할지 깊이 생각해보고 싶습니다"라고 말할 정도로 신중한 사람들에게 더 신뢰가 간다.

나는 단기간에 사람들에게서 열심을 이끌어내는 교회라는 말을 듣는 것이 큰 칭찬이라고 생각해본 적이 없다. 주전자 속에 있는 물의 양이 적으면 그만큼 빨리 끓기 시작하는 법이다. 일부 사람들은 열정 때문에 회심했다가 교리적 문제 때문에 신앙적 침체에 빠지기도 한다.

### 개인숭배를 경계하라

또한 나는 개인숭배 때문에 그리스도인이 된 사람들을 보았다. 그런 사람들은 매력적인 인격의 소유자에게 매료된 자들이다. 우리는 누군가 얼굴에 환한 미소를 지을 때 그에게서 깊은 매력이 풍겨 사람들이 그의 주변에 모여드는 현상을 흔히 볼 수 있다.

나는 심리학에서 행하는 성격검사를 좋아하면서도 사실 그 검사를 받을 때마다 약간 짜증이 난다. 솔직히 말하면, 성격검사를 통해 재미를 본 적이 없다. 왜냐하면 늘 검사 결과가 좋지 않기 때문이다. 하지만 그럴지라도 나는 "당신은 훌륭한 남편인가?", "당신은 좋은 아빠인가?" 혹은 "당신은 매력적인 사람인가?"라는 검사 항목을 그냥 지나친 적은 없다.

언젠가 나는 기독교선교연합 교단의 총회장을 오래 했고 또 뛰어난 기독교 철학자였던 슈만(H. M. Shuman) 박사에게 "박사님, 저를 따르는 사람들이 없습니다. 훌륭한 지도자들은 매력이 넘치기 때문에 그들이 휘파람만 불어도 사람들이 구름같이 모여드는데 말입니다"라고 털어놓았다. 그러자 그는 "목사님, 사람들이 목사님을 따르지 않는 것에 대해 하나님께 감사하십시오. 사람들이 목사님을 따르지 않더라고 예수님을 전하십시오. 그러면 그들이 주님을 따를 것입니다"라고 대답했다.

개인적 매력에 대해 이야기하다보니 예수님의 경우가 생각나는데, 성경은 예수님이 흠모할 만한 아름다운 것이 없었다고 말한다(사 53:2 참고). 예수님은 사람들의 이목을 끄는 그런 분이 아니셨다. 내가 볼 때, 예수님은 평범하게 생긴 유대인이셨을 것이다. 왜냐하면 가룟 유다가 예수님을 팔 때 병사들이 그분을 식별할 수 있도록 예수께 가서 입을 맞추었기 때문이다. 만일 당시에 텔레비전이 있어서 예수님이 상황에 어울리는 복장과 모습으로 텔레비전에 출연하셨다면, 주님은 전혀 주목을 받지 못하셨을 것이다.

그러나 예수님이 입을 여셨을 때 주님에게서는 은혜와 진리의 말씀이 흘러나왔다. 그리고 사람들은 주님의 말씀을 거부하거나 아니면 그 말씀에 따랐다. 어떤 경우든 간에 그들은 이전과는 달라졌다.

### 부분적 그리스도인

이제 부분적 제자, 즉 절반의 제자에 대해 살펴보자. 이런 사람들은 자신들의 삶의 일부만을 그리스도께 드리고 나머지는 그리스도의 통제 밖에 둔다. 이미 오래 전에 나는 예수님이 나의 모든 것을 통제하지 않으신다면 나의 어떤 부분도 통제하지 않으실 것이라는 결론에 도달했다.

이런 얘기가 당신에게 이상하게 들릴지 모르겠지만, 나는 절반만 구원받은 그리스도인들을 보았다. 절반만 구원받았다는 말이 무엇이냐고 사람들이 내게 물을 때, 사실 나는 그것을 신학적으로 어떻게 설명해야 할지 모르겠다. 감사하게도, 하나님께서는 하나님이 판정을 내릴 수 없는 사람들을 위해 추천서를 쓰라고 내게 말씀하시지 않는다. 하나님은 그런 것을 내게 부탁하지 않으신다. 왜냐하면 하나님은 사람들이 천국 밖에 있는지 안에 있는지 아시기 때문이다(물론 나는 모른다).

'절반의 제자들'이라고 부르는 사람들에게서 내가 확인한 사실이 한 가지 있는데, 그것은 그들이 어떤 점에서는 주님의 통제를 받아들이지만 다른 어떤 점에서는 그렇지 않다는 것이다. 그들은 자신들의 삶의 어떤 부분에서는 그분께 순종하지만, 또 어떤 부분에서는 단호히 불순종한다. 그래서 나는 그들이 어디에 속해 있는지 모른다. 그들을 어떻게 해야 할지 모른다. 다만 그들을 하나님께 맡길 뿐이다.

나로 말할 것 같으면, 나는 절반의 제자가 되기를 원치 않는다. 나는 나의 모든 것, 즉 내 삶의 모든 부분이 주 예수 그리스도의 통제 아래 있기를 원한다. 과거에 영국의 어떤 설교자는 "그리스도께서 모든 것의 주님이 되실 수 없다면 그분은 주님이 아니다"라고 말했다. 예수 그리스도께서는 내 삶의 모든 부분의 주(主, 주인님)가 되기를 원하신다. 예수님은 내가 나의 삶 전체를 그분의 통제 아래 두기를 원하신다.

예수님을 믿는 어떤 젊은 형제가 있다고 가정해보자. 그는 기도회에 가서 무릎을 꿇고 "주여, 저를 받으시고 사용하소서"라고 기도한다. 그는 모범적이고 헌신적인 그리스도인처럼 보인다. 그런데 어떤 젊고 아름다운 여자가 그에게 다가온다. 그녀는 그리스도인은 아니지만, 외모가 예쁘고 성격이 발랄하고 목소리가 부드러웠다. 이 젊은 형제는 그녀에게 관심을 갖게 되고, 그녀는 이 남자를 꾀어 곁길로 끌고 간다. 결국 그들은 결혼하고 가정을 이루지만, 이내 이 젊은이는 기도회에 나오지 않는다. 그에게 왜 기도회에 나오지 않느냐고 물으면, 그는 "아내가 그 시간에 다른 일을 하자고 해서 못 나갑니다"라고 대답할 것이다. 그는 부분적 그리스도인인 동시에 부분적 남편이다. 어느 한쪽에도 충실하지 않다.

나는 잔인하기는 싫지만 정직하고 싶다. 예수 그리스도께서는 주님이기를 원하시고 또 주님이 되셔야 한다. 예수님은 우리 삶의 전 영역에서 머리와 주인이 되셔야 한다. 예수님의 통제권이 미치지 못하는 곳에 우리의 이성(異性) 친구, 배우자, 집 또는 직업을 둔다는 것은 말이 안 된다. 주님이 우리의 모든 것의 주인이 아니시면 우리는 참된 제자가 아니다.

### 카멜레온 제자

또 어떤 사람들은 제자이긴 한데, 잠시 동안만 그렇다. 나는 이런 사람들을 만나보았다. 그들은 언제라도 빠져나갈 길을 마련해놓고 있다. 결코 배수진(背水陣)을 치지 않는다. '돌아가지 못할 선'을 넘지 않는다. 이 선을 넘은 사람이 그리스도인이요, 참된 제자라고 나는 믿는다.

그리스도인들이 하나님과 동행하겠다고 마음만 먹으면 그들은 '내가 구원받은 후에 구원을 잃어버릴 수도 있는 것인가?'라는 문제로 고민하지 않을 것이다. 그들은 "주님, 저는 그런 신학적 문제들에는 신경 쓰지 않겠습니다. 지금 저는 망설이지 않고 '돌아가지 못할 선'을 넘겠습니다. 저는 결코 돌아가지 않을 것입니다"라고 말씀드려야 한다. 하지만 이 선을 넘지 못한 단기간의 제자들이 여전히 있다. 그들은 기분 내킬 때만 제자이고, 단기간의 제자이다. 철에 따라 제자로 살기도 하고 안 살기도 한다. 그들은 부활절에, 성탄절에 그리고 기타 특별한 때

교회에 나온다. 어떤 절기에는 매우 경건해진다.

당신은 '카멜레온 제자'라는 말을 들어보았는가? 그들은 환경에 따라 색깔을 바꾼다. 심지어 설교자들 중에도 이런 사람들이 있다. 그들은 청중의 비위를 맞춰 설교를 한다. 자유주의 사고(思考)를 하는 사람들과 함께 있으면 자유주의자처럼 말하게 된다. 복음주의자들과 함께 있으면 복음주의자처럼 말하게 된다. 그러면서 그들은 "우리에게는 융통성이 있습니다. 우리에게는 융통성이 필요합니다"라고 말한다. 하지만 내가 볼 때, 그들에게는 융통성이 아니라 하나님이 필요하시다!

어디에 있든지 우리는 그리스도의 제자이어야 한다. 다이아몬드는 상황에 따라 변하지 않고 언제나 다이아몬드이다. 이와 마찬가지로 그리스도인은 언제나 그리스도인이어야 한다. 기회를 봐서 적당한 때에만 신앙으로 사는 사람은 그리스도인이 아니다. 복 받으러 교회에 가는 사람은 그리스도인이 아니다. 온전히 그리스도의 소유가 되지 않은 사람은 그리스도인이 아니다. '돌아가지 못할 선'을 넘지 않은 사람은 그리스도인이 아니다. 철에 따라 교회에 나오는 사람은 그리스도인이 아니다. 비가 오나 눈이 오나 교회에 나오는 사람이 그리스도인이다. 이런 사람이 그리스도인이라고 주님은 말씀하신다. 그리스도를 알기 위해 예수님 뒤를 바짝 따라다니는 사람이 제자이다.

진정한 제자가 아닌 사람들의 특징을 간략히 살펴보자. 이런 사람들도 경건한 표정을 짓는다. 주일 오전에 그들은 박제(剝製)된 올빼미처럼 근엄하게 보인다. 우리 교회들에도 이런 사람들이 있다. 그들은 주일 오전 11시에 경건해진다. 그들은 자신들의 주일 정찬(正餐)을 놓치지 않는다. 그들은 신선한 공기를 마신다. 예배는 오래 계속되지 않는다. 예배 음악은 대개 듣기에 좋다. 헌금 바구니에 지폐 한 장을 넣으면 그 좋은 음악을 들을 수 있다.

그러나 이렇게 일주일에 한 번, 즉 주일 아침에 교회에 오는 사람들을 볼 때 나는 '저들이 파트타임 제자 혹은 주일 오전반 제자가 아닌가?'라는 생각이 든다. 그렇지 않다면 어찌 그렇게 주일 오전에만 얼굴을 내밀고 마는가?

### 자기가 좋아하는 것을 결코 포기하지 않는 사람

참된 제자가 아닌 사람들의 또 다른 특징은 자기들이 좋아하는 것을 결코 포기하지 않는다는 것이다. 이미 오래 전에 페넬롱(Fénelon, 1651~1715. 프랑스의 왕실 목회자)은 이렇게 말했다.

"당신이 사랑하는 것들을 버려라. 그러면 진짜 사랑을 발견할 것이다."

당신을 사랑하는 사람들을 버려라. 그러면 정말 당신을 사랑하는 분을 얻을 것이다. 당신이 사랑하는 것을 모두 포기하라. 그러면 당신이 진정 사랑할 수 있는 분을 얻을 것이다. 하지만 가짜 제자들은 그렇게 하지 않는다. 그들은 자기들이 사랑하는 것을 포기하지 않는다. 그들은 한 손에는 세상을 쥐고 다른 한 손에는 십자가를 쥐고 천국과 지옥 사이에서 줄타기를 한다. 그러면서 결국 하나님의 은혜를 구하며 '마지막 한 번의 도약으로' 천국 안으로 들어가기를 희망한다.

내가 볼 때, 그들은 잘못되었다. 성경에 나오는 선지자 발람을 보라. 그는 매우 감동적인 기도를 했다. 만일 이 나라의 설교자들이 그의 기도를 들었다면 그들 중 절반이 그의 기도에 감동하여 열화와 같은 성원을 보내어 그를 천국으로 곧장 밀어 넣었을 것이다. 그는 이렇게 기도했다.

"나는 의인의 죽음같이 죽기를 원하며 나의 종말이 그와 같기를 바라도다"(민 23:10).

하지만 그 후 그는 죄인들의 편으로 넘어가 의인들과 대적하며 싸웠다. 결국 그는 어떻게 죽었는가? 의인으로서 죽었는가? 그렇지 않다. 그는 죄인으로 살았기 때문에 죄인으로서 죽었다. 의인으로서 죽기를 원하는 사람은 의인의 삶을 살아야 한다. 그리스도인으로서 죽기를 원한다면 그리스도인으로 살아야 한다. 죽음의 시간에 하늘에 계신 대언자(代言者) 예수께 피하기를 원하는 사람은 지금 즉시 그분께 피해야 한다.

### 그 밖의 다른 특징들

가짜 제자들의 또 다른 특징들을 알고 싶은가? 그것은 그들이 자기들과 유사한 사람들에게 끌린다는 사실이다. 다시 말해서 끼리끼리 모인다는 사실이다. 대부분의 교회들에는 말로는 제자라고 하면서 1년 가야 기도회에 한 번 올까 말까 하는 사람들이 있다.

얼마 전에 윌리엄 페텡일(William Pettengil, 1886~1950. 미국의 목사 및 교육자) 박사는 이 문제에 대해 분명히 설명했다. 그는 사도행전을 본문 삼아 설교를 하면서 "사도들[베드로와 요한]이 놓이매 그 동류에게 가서 …"(행 4:23)라는 구절을 읽었다. 그는 우리 인간들에게 자유가 주어지면 자기와 비슷한 사람에게 끌리게 되어 있다고 역설했다. 어떤 사람은 자유 시간이 주어지면 낚시꾼을 찾아갈 것이다. 어떤 사람에게 마음대로 할 권리가 주어지면 그 사람은 즉시 오페라 극장에 가서 오페라를 감상할 것이다. 또 어떤 사람은 경마장에 가서 경마 구경에 열중할 것이다. 이와 마찬가지로 그리스도인들도 끼리끼리 모인다. 기도회를 사모하는 사람은 기도회에 참석할 것이다. 그리스도의 마음을 가진 사람이라면 주일 아침에만 교회에 얼굴을 내미는 것으로 끝나지 않을 것이다.

또 어떤 사람들은 자기가 그리스도의 제자라고 말하면서 하나님의 말씀과 계명들 중 많은 것을 쉽게 무시하거나 거부한다.

어떤 선생들은 예수께 핑크빛 감상(感傷)의 옷을 입히려고 애쓴다. 그러나 예수님을 오해하도록 만드는 일은 결코 용납할 수 없다. 주님은 분명한 선을 그으셨다. 그 선은 바이올린 줄만큼이나 질기다. 예수님의 말씀을 들어보자.

"나와 함께 아니하는 자는 나를 반대하는 자요 나와 함께 모으지 아니하는 자는 헤치는 자니라"(마 12:30).

"저를 믿는 자는 심판을 받지 아니하는 것이요 믿지 아니하는 자는 하나님의 독생자의 이름을 믿지 아니하므로 벌써 심판을 받은 것이니라"(요 3:18).

"아들을 믿는 자는 영생이 있고 아들을 순종치 아니하는 자는 영생을 보지 못하고 도리어 하나님의 진노가 그 위에 머물러 있느니라"(요 3:36).

예수님이 인류를 심판하실 저 큰 날에 주님은 "모든 민족을 그 앞에 모으고 각각 분별하기를 목자가 양과 염소를 분별하는 것같이"(마 25:32) 하실 것이다. 그렇게 되면 한쪽은 영벌(永罰)에, 다른 한쪽은 영생(永生)에 들어갈 것이다(마 25:46). 예수님의 말씀은 제3의 무리를 인정하지 않는다. 중간지대는 없다.

참된 제자들에게 약속된 유익을 생각해보라. 예수님은 "진리를 알지니 진리가 너희를 자유케 하리라"(요 8:32)라고 말씀하셨다. 진리에 순종하는 자만이 진리를 알 수 있다. 당신은 진리를 안다고 생각한다. 사람들은 성경구절을 많이 외우지만, 그렇다고 해서 반드시 진리를 아는 것은 아니다. 성경본문이 진리가 아니다. 진리가 성경본문 안에 있지만, 성령님이 그 본문을 가지고 역사하셔야 인간이 그 진리를 깨닫는다. 사람이 성경을 줄줄 외울 수는 있지만, 진리는 성령으로부터 말씀을 통해 찾아온다. 하나님의 말씀을 들을 때 믿음이 생기지만, 믿음은 또한 성령을 통해 주시는 하나님의 선물이다.

### 순종이 생명이다

우리는 내적 조명을 통해 진리를 깨달아야 한다. 그래야 진리를 진짜 아는 것이다. 그러기 전까지는 진리를 모르는 것이다. 그래서 예수님은 "너희가 내 말에 거하면 참 내 제자가 되고 진리를 알지니 진리가 너희를 자유케 하리라"(요 8:31,32)라고 말씀하셨다. 여기서 "내 말에 거하면"이라는 말은 "내 교훈에 거하면"이라는 뜻이다.

언젠가 나는 선교사들에게 예수님의 산상수훈 전체를 암송하는 어느 한 소년에 대한 이야기를 들은 적이 있다. 그 소년은 그것을 아주 빠른 시일 내에 거의 힘들이지 않고 암송했는데, 어떤 사람이 그 소년을 불러서 어떻게 암송했냐고 물었다. 그러자 그 소년은 "저는 한 절을 암송한 후에 그것을 실천하기 위해 하나님을 의지했어요. 그런 다음 그 다음 절을 암송한 후에 하나님께 그것도 실천할 수 있게 도와달라고 기도했어요"라고 대답했다. 그 소년은 이런 식으로 산상수훈 전체를 암송할 수 있었던 것이다!

그 소년에게 다른 것은 없었는지 몰라도 진리만은 확실히 있었다. 그는 진리를 객관적인 어떤 것, 즉 머릿속에 저장하는 지식 정도로 여기지 않았다. 오히려 그는 진리를 자기에게 적용해야 한다고 믿었다. 순종과 믿음이 있을 때 비로소 진리는 우리 안에서 실재(實在)가 된다.

찰스 피니는 개인적 적용 없이 객관적 교리만을 가르치는 것을 잘못된 것이라고, 다시 말해 도덕적으로 잘못된 것이라고 말했다. 나는 그동안 여러 성경공부반에 참석해 성경에 해박한 사람들의 강의를 들어보았다. 그런데 강의가 끝나고 돌아올 때 내 마음은 소금에 절인 생선처럼 차가웠다. 어떤 영적인 도움이나 고양(高揚)이나 마음을 따뜻하게 하는 것이 없었기 때문이다. 강의를 통해 여러 지식만이 내게 유클리드 기하학의 명제나 피타고라스의 정리처럼 전달되었기 때문이다. 이런 식의 강의를 들은 수강생들은 "그래서 어쩌라는 말이냐? 우리 가서 차나 한 잔 합시다!"라는 반응을 보일 것이다.

개인적 적용 없이 사람들에게 객관적 지식만을 가르치는 일이 실제로 일어난다는 것을 명심하라. 하나님의 말씀이 진리이고, 그것은 바로 우리를 겨냥하고 있다. 진리가 우리를 겨냥하고 있다는 것은 우리가 그것에 순종해야 한다는 것을 의미한다. 순종이 생명이며, 진리를 아는 데 이르게 한다.

### 죄로부터의 해방

우리가 진리를 안다고 해서 끝나는 것이 아니다. 진리는 우리를 자유케 한다. 즉, 우리를 해방시킨다. 이것이야말로 우리가 정말로 갈망하는 것이 아닌가! 요한계시록에 보면 예수 그리스도께 드리는 찬미의 노래가 이렇게 나온다.

"우리를 사랑하사 그의 피로 우리 죄에서 우리를 '씻으시고' 그 아버지 하나님을 위하여 우리를 나라와 제사장으로 삼으신 그에게 영광과 능력이 세세토록 있기를 원하노라 아멘"(계 1:5,6).

이 구절에서 "씻으시고"라는 표현에 주목하라(개역한글성경에는 "씻으시고"가 "해방하시고"로 번역되어 있다 - 역자 주). '세탁'이 무엇인가? 우리가 옷을 입고 생활을 하다보면 옷에 더러운 때나 기름기가 묻고, 때로는 얼룩이 생기기도 한다. 그것들은 우리의 옷 위에 달라붙을 뿐만 아니라 심지어 옷 안으로 들어온다. 우리는 옷을 흔들고 설득하거나 옷과 대화하거나 옷에게 셰익스피어의 작품을 읽어줄 수도 있고, 또 옷에게 애국심이나 문명의 진보를 거론하면서 강의를 장황하게 늘어놓을 수도 있다. 그러나 옷은 여전히 더럽다. 더러운 때를 옷에서 빼내지 않는 한 더럽다. 다시 말해서 옷을 깨끗하게 하려면 더러운 때에서 '해방시켜야' 한다.

세탁소에서는 때를 용해시키는 세제 속에 옷을 푹 담근다. 그런 다음 헹구고 말리고 다리미질을 하여 주인에게 돌려준다. 깨끗한 상태의 옷을 언제라도 입을 수 있게 말이다. 그 옷은 더러운 것들로부터 '해방되는' 과정을 통과한 것이다.

우리를 우리의 죄로부터 해방시키는 유일한 용해제는 예수 그리스도의 보혈이다. 예수님은 우리를 사랑하시기 때문에 주님의 보혈로 우리를 해방시키셨다. 다시 말해서 우리를 우리의 죄로부터 깨끗하게 하신 것이다. 교육이나 교양(敎養)으로는 우리가 죄에서 깨끗하게 될 수 없다. 하지만 그리스도의 보혈의 능력으로써 우리는 우리의 죄로부터 완전히 해방되었다!

예수님은 "진리를 알지니 진리가 너희를 자유케 하리라"(요 8:32)라고 말씀하셨다. 진리는 우리를 십자가로, 어린양에게로,

보혈의 샘으로 인도하고 죄에서 해방시킨다. 그런데 헌신이 있어야 한다. 그렇지 않으면 깨달음이 없다. 깨달음이 없으면 깨끗함도 없다.

당신은 하나님의 영(靈)이 계시하시는 진리에 순종하는가? 당신은 예수 그리스도 안에 있는 자유의 열매들을 누리는가? 당신은 예수 그리스도의 참 제자인가?

# 네 믿음의 선한 싸움을 싸우라

**FAITH beyond REASON** 하나님은 우리 각 사람에게 완전히 새로운 본성과 도덕적 소원과 성향을 주실 수 있다. 그렇게 되면 우리는 옳은 일을 할 수 있는데, 그것은 우리가 옳은 존재가 되었기 때문이다. 이것이 복음이 약속하는 것이다. 이것이 예수 그리스도께서 진정한 제자로서 주님을 끝까지 좇는 자들에게 약속하신 것이다. 명심하라! 예수 그리스도는 우리에게 도움을 주기 위해 오셨다. 주님은 우리의 본성을 바꾸기 위해 오셨다. 오래된 죄의 습관들을 제거하기 위해 오셨다. 그것들을 정복하고 부수기 위해 오셨다.

PART 02

chapter 05

# 양심이라는 내면의 음성에 따를 때
## 진리 안에서 자유롭다

이 세상에 양심과 하나님의 음성이 없다면 우리 모두는 도덕적으로 타락하여 금방 짐승처럼 변할 것이다. 양심이라는 내면의 설교자가 군중에게 설교하는 것이 아니라 홀로 있는 당신에게 말한다면, 그 음성에 따르라!

### 인간의 양심

이 시대에 설교단에서 '양심'이라는 주제에 대해 설교하는 목회자는 별로 인기가 없다.

어찌하여 교인들은 더 이상 인간의 양심을 믿지 않는가? 하나님께서는 우리 안에 성실한 증인을 세우셨는데, 이 증인은 우리 각 사람을 무리로부터 뽑아내어 우리의 외로움을 드러낼 수 있다. 우리 각 사람은 이 광대무변(廣大無邊)한 우주에서 하나님의 진노에 직면해야 하는 운명을 면할 수 없는데, 이것이 바로 우리의 외로움이다.

성경이 양심을 그토록 강조하건만 어찌하여 교회들은 양심을 인정하기를 두려워하는가? 성경은 양심이 언제나 하나님의 편에 선다고 가르친다. 양심은 "그 생각들이 서로 혹은 송사하며 혹은 변명하여"(롬 2:15) 도덕법에 비추어 자신의 행위를 판단한다.

언젠가 나는 어느 교회에 강사로 초빙을 받아 양심에 대해 설교했다. 설교가 끝난 후 나이가 지긋하신 어떤 분이 나를 조용히 부르더니 "목사님의 설교를 듣고 나니 목사님이 앞으로 목회를 어떻게 해나가실지 걱정됩니다"라고 말했다. 내가 볼 때 그는 인간의 양심을 믿지 않았다. 청중 가운데는 아주 유명한 복음주의자 한 사람이 있었는데, 그도 역시 내게 다가와 "나는 양심이 중요하다고 생각하지 않습니다"라고 말했다.

사탄은 자신의 홍보 전략을 통해 인생의 진실들 중 많은 것들의 가치를 추락시키는 데 성공했다. 거기에는 물론 양심도 포함된다. 이제는 배웠다는 사람들이 모인 곳에서 양심이라는 말이 나오면, 사람들은 서로 능글맞은 웃음을 지으며 '양심이 밥 먹여주냐?'라는 식의 반응을 보인다. 사탄은 이런 식으로 인생의 고상한 가치들을 추락시켜왔다. 사탄은 사람들이 이런 것을 농담으로 여기도록 만들었다. 이런 식으로 사람들은 마음이 부패해졌다. 고상한 것을 농담으로 만드는 그런 장난은 악마적인 것이다.

오늘날 그리스도인들도 진지한 것을 웃음거리로 만드는 습관에 급속히 물들고 있다. 그들은 죽음과 생명에 대해 농담한다. 기도와 하나님에 대해 농담한다. 그리고 양심에 대해서도 그렇다. 이것이 이제는 심각한 수준까지 이르렀다. 따라서 우리가 양심에 대해 진지하게 논의하려면 양심이라는 개념 자체를 변호해야 할 지경이 되었다. 참으로 믿기 힘든 이야기이지만, 유감스럽게도 사실이다.

이 세상에 태어나는 모든 사람에게는 빛이 비치는데, 우리는 이것에 대해 농담해서는 안 된다. 하나님께서 인간의 가슴속에 깊이 새기신 빛, 마치 하나님께서 한 영혼만을 창조하신 것처럼 그 영혼을 격리시켜 천국과 지옥 사이에 걸어놓으신 빛, 이런 빛은 농담의 대상이 될 수 없다. 정치에 대해 농담하고 싶으면 농담하라. 어차피 정치는 우스운 것이기 때문이다. 하지만 하나님과 양심에 대해서는 농담하지 말라!

### 양심의 근원

나는 인류가 발견한 보편적 지혜를 무시할 수 없다. 그것은 물론 각 사람의 마음속에 있는 양심이다. 모든 시대, 모든 민족이 공통으로 증거하는 것이 인간의 양심이 존재한다는 사실이다. 성경이 당연한 것으로 받아들이며 때로는 명백히 가르치는 것을 내가 굳이 옹호하기 위해 애쓸 필요는 없을 것이다. 당신이 가지고 있는 성구사전을 훑어보면, 몇 군데에서 양심이 언급되는 것을 알 수 있다. 또한 우리는 양심이라는 단어를 통해 구체화될 수 있는 개념을 성경 곳곳에서 발견할 수 있다. 이렇게 양심에 대한 내용은 성경 전체를 떠받치고 있으며, 계시 전반에 스며들어 있다.

나는 내가 말하는 양심이 무엇인지 설명한 다음, 성경에 나타난 양심의 작용에 대해 이야기하려고 한다. 그리고 마지막에 양심이 어떤 역할을 해왔고, 또 오늘날 사람들에게 어떤 역할을 하고 있는지에 대해 이야기하겠다.

내가 말하는 양심이라는 것은 언제나 옳고 그름을 판단하는 것이다. 양심은 이론과 관계되지 않는다. 언제나 옳고 그름의 문제와 관련이 있다. 또 개인이 옳은 것이나 그른 것과 관계를 맺는 것과 관련된다.

이런 관점에서 보면 한 가지 흥미로운 사실이 드러난다. 단 하나의 예외를 제외하고 성경에서 '양심'이라는 단어는 복수(複數)로 사용되지 않고 단수(單數)로 사용된다. 그 유일한 예외는 바울이 고린도의 그리스도인들에게 쓴 편지에 나오는 "하나님 앞에서 각 사람의 '양심들'에 대하여 스스로 천거하노라"(고후 4:2)라는 구절이다(개역한글성경에는 "양심"이라는 단수로 번역되어 있다 - 역자 주). 이 구절을 빼고 다른 곳에서는 양심이 단수로 쓰인다.

성경에서 언제나 양심은 옳고 그름의 문제와 연관된다. 따라서 양심은 개별적이고 독점적인 것이다. 양심은 복수(複數)를 허용하지 않는다. 양심은 당사자를 제외한 모든 사람을 배제한다. 양심은 당사자가 다른 누군가에게 의존하는 것을 허용하지 않는다. 양심은 마치 다른 사람들은 전혀 존재하지 않는 것처럼 당사자 한 사람만을 상대한다.

성경에서 양심이라는 말은 도덕적 통찰과 관계된다. 양심은 충분히 깨닫는 것이고, 내적(內的)으로 인식하는 것이고, 은밀히 의식(意識)하는 것이다. 그런데 양심에는 그것의 근원이 있다. 나는 우리가 양심에 대한 심리학적 정의(定義)보다는 이 양심의 근원에 더 관심을 가져야 한다고 믿는다. 그리고 나는 양심의 근원이 바로 이 세상에 계신 그리스도의 은밀한 임재라고 믿는다! 그리스도께서 이 세상에 계시기 때문에 그분의 은밀한 임재가 양심의 근원이 된다. 이것은 도덕적 인식이다.

### 비추는 빛

양심에 대한 나의 견해를 밝힐 때 내가 종종 인용하는 성경구절이 있는데, 그 구절은 "참빛 곧 세상에 와서 각 사람에게 비추는 빛이 있었나니"(요 1:9)이다. 사실 그 빛이 세상에 왔다. 이것은 또한 세상으로 들어온 모든 사람을 비추는 빛이다. 이 빛이 도덕적 양심의 근원이다. 이 빛이 어떻게 작용하든 간에 이것은 양심의 근원이다. 그래서 이 빛이 이 세상에 있는 것이다. 살아 계신 영원한 말씀이 세상에 그리고 인간사회에 임재한다. 은밀히 임재한다. 그러므로 인류는 도덕적 가치를 은밀히 의식하게 된다. 어떤 사람들은 이렇게 주장한다.

"성경은 우리가 허물과 죄로 죽었다고 말하는데(엡 2:1), 이것은 말 그대로 우리가 죽은 것이기 때문에 우리에게는 도덕적 의식이 없다. 하나님께서 하나님의 주권적 자비 가운데 거듭남을 통해 우리를 죽은 자들로부터 다시 살리실 때까지 우리는 시체와 같다. 하나님이 우리를 다시 살리셔야 비로소 우리가 하나님의 말씀을 들을 수 있다."

그러나 이런 주장은 잘못된 것이다. 우리는 이런 논리에 즉각 거부 반응을 표해야 한다. 성경은 이런 견해를 지지하지 않는다. 우리가 죄와 허물 가운데 죽었다고 성경이 말한다고 해서 우리 자신을 말도 할 수 없고, 설득할 수도 없고, 죄를 깨달을 수도 없고, 확신을 가질 수도 없고, 애원할 수도 없고, 겁을 줄 수도 없고, 호소할 수도 없는 죽은 나무토막같이 여겨서는 안 된다.

우리가 죄와 허물 가운데 죽었다는 말씀은 우리가 하나님의 생명으로부터 분리되었다는 말이다. 그 이상도 이하도 아니다. 물론 하나님의 생명으로부터 분리된 상태는 최악의 상태이다. 이것보다 더 나쁜 상태는 상상할 수 없다. 그런데 이런 최악의 상태에 빠진 인간에게도 도덕적 의식이 있다는 것은 사실이다.

각 사람에게는 언제나 스스로에게 말을 거는 은밀한 내적 음성이 있다. 이것이 세상에 들어온 모든 사람을 비추는 빛이다. 이것은 인간의 가슴속에 있는 특별한 음성으로서 바울이 말했듯이 인간을 비난하기도 하고 혹 변호하기도 한다. 이것이 내가 말하는 양심이다.

요한복음 8장은 인간의 양심이 어떻게 작용하는지 한 가지 예를 보여준다. 예수님 시대에 서기관들과 바리새인들은 특히 다른 사람들이 보는 데서 매우 엄격한 도덕가들이었다. 하지만 남들의 눈을 피해 교묘히 빠져나갈 구멍이 있을 때는 관대했다. 그런데 그들이 간음 현장에서 한 여자를 붙잡았다. 하지만 그들은 그 여자에 대해 기본적인 동정심이나 관심이 없었다. 그녀의 죄 때문에 율법이 깨어지고 이스라엘 사람들의 영성(靈性)에 문제가 생겼다는 데도 관심이 없었다. 그들은 오직 하나에만 관심이 있었다.

### 유대인들의 관심

이 유대 지도자들은 한 가지 목적만을 가지고 있었는데, 그것은 그들을 당혹스럽게 만드는 이 거룩한 선생을 시험하고 죽이는 것이었다. 그들은 예수님이 영원히 아무 말도 못하게 되기를 원했다. 그들은 예수님이 무슨 말씀을 하든지 그것을 가지고 주님을 공격하려고 벼르고 있었다. 예수님의 말씀에서 꼬투리만 잡으면 그들은 예수님을 무장해제하고, 예수님에게 망신을 주고, 예수님의 권위를 깎아뭉개고, 예수님을 영원히 내쫓을 수 있었다. 이것이 그들의 계획이요, 목적이었다.

간음 현장에서 붙잡힌 그 여자는 단지 그들의 목적을 이루기 위한 수단에 불과했다. 서기관들과 바리새인들은 그녀를 한 인격체로서 존중하지도 않았고, 심지어 그녀의 죄를 미워하지도 않았다. 그들의 미움의 대상은 예수님이었고, 그들은 오직 그분을 죽이려고 혈안이 되어 있었다.

그들은 이 불쌍하고 비참한 여자를 예수께 끌고 가서 "이 여자는 간음하다가 잡힌 창녀요. 모세의 법에 따르면 이 여자를 돌로 쳐 죽여야 하는데, 선생님의 생각은 어떻소?"라고 말했다.

만일 예수님이 "돌로 쳐 죽여야 한다"라고 말씀하시고 그들이 실제로 그렇게 했다면, 로마 군인들이 예수님을 옥에 가두었을 것이고 그것으로써 그들의 목적이 이루어졌을 것이다. 만일 예수님이 "그 여자를 놓아주어라"라고 말씀하셨다면, 그들은 "우리가 예상했듯이 선생님은 모세의 율법을 안 지키는군요"라고 대답했을 것이고 그것으로써 예수님은 더 이상 이스라엘의 선생이 되지 못하셨을 것이다. 왜냐하면 율법을 지키지 않는 자로 낙인찍혔기 때문이다.

나는 예수님이 이 유대인들을 대하신 방법을 생각할 때마다 속이 시원해진다. 주님은 그들이 속이 빤히 들여다보이는 위선자라는 것을 잘 아셨다. 간음하다가 잡힌 여자에 대한 동정심이나 관심이 그들에게 조금도 없다는 것을 아셨다. 근본적으로 율법에 대한 관심도 없다는 것을 아셨다. 그들이 예수님을 미워하여 함정을 파놓고 기다리고 있는 것을 꿰뚫어 보셨다. 뿐만 아니라 그들의 거짓 헌신, 신심(信心)을 과시하기 위한 성구함(聖句函, 성경구절을 기록한 양피지를 넣은 작은 가죽 상자)과 긴 옷, 신앙이 깊은 체하는 표정, 가짜 영성 그리고 겉으로 꾸민 경건을 꿰뚫어 보셨다.

서기관들과 바리새인들은 "선생님, 이 여자를 돌로 쳐 죽여야 마땅하지 않습니까? 선생님의 생각은 어떻습니까?"라며 예수님의 판결을 재촉했다. 그러나 예수님은 "너희 중에 죄 없는 자가 먼저 돌로 치라"(요 8:7)라고 말씀하셨다. 예수님이 이렇게 자신을 죽이려고 하는 자들에게 개별적으로 혹은 집단적으로 도전하셨을 때 예수님의 눈에서 그들의 가증스러운 위선을 꿰뚫어 보는 빛이 번쩍였을까? 나는 사실 그 점이 궁금하다. 예수님은 그들을 말씀 한마디로 물리치시고, 몸을 굽혀 손가락으로 땅에 무엇인가를 쓰셨다. 그리고 내적 음성에 한 대 얻어맞은 사람들은 조용히 그 자리를 떠나기 시작했다.

### 내면의 음성

예수님 앞에 선 사람들 중 어떤 한 사람이 부끄러움을 느꼈기 때문에 옆 사람에게 한마디 말도 못하고 그 자리를 떴다. 그러자 그 옆 사람 역시 아무 말 없이 자리를 떴다. 그 다음 사람이 또 자리를 떠났다. 누가 시키지도 않았는데 그들은 하나둘씩 조용히 그 자리를 떠났다. 한 사람을 다수로부터 분리하고 어떤 도움과 격려도 그에게 제공되지 못하도록 차단하는 힘이 바로 양심에 있다.

그 늙은 종교인들 중 일부는 자기들이 젊었을 때의 죄를 잊어버렸기 때문에 하나님께서도 그 죄를 잊어버리셨을 것이라고 생각했다. 그러나 예수님의 말씀을 듣고 과거의 죄가 생각난 그들은 조용히 그 자리를 떠나기 시작했다. 그곳을 빠져나올 때 그들은 하나님께서 자기들에게 돌을 던지실까봐 하늘을 쳐다보는 것이 두려웠을 것이다. 왜냐하면 자기들도 예수님 앞으로 끌고 온 여자만큼 죄가 많다는 것을 잘 알았기 때문이다.

간음하는 자들을 죽이라는 모세의 율법은 경건한 자들을 위한 것이지, 사악한 자들을 위한 것이 아니다. 이 율법에는 죄인이 다른 죄인을 죽이라는 뜻이 담겨 있지 않다. 예수님은 이것을 잘 아셨다. 그 늙은 위선자들이 예수께 도전한 것은 마치 고양이가 잔디 깎는 기계로 돌진한 것과 마찬가지였다. 그들은 아무 소리 못하고 자기 상처를 핥으며 사라질 뿐이었다. 스스로 부끄러움을 느꼈기 때문이다.

이 사건은 양심이 어떤 작용을 하는지 잘 보여준다. 양심은 내적 생명을 찌르고 마음을 움직이고 우리를 격리시킨다. 우리를 주변의 모든 것으로부터 단절시켜서 철저히 혼자 있게 한다. 내 경우에 그것은 심판에 대한 두려움을 준다. 각 사람이 혼자서, 이 우주에서 혼자서 하나님의 법정에 서야 한다는 두려움을 준다. 양심은 각 사람을 다수로부터 빼내어 홀로 있게 한다.

이렇게 하나님께서는 우리의 존재 안에 신실한 증인을 두셨다. 나는 이것을 분명히 믿는다. 마음에 찔리고, 가책을 느끼고, 하늘의 도덕적 채찍에 맞은 사람들이 하나둘씩 조용히 사라진 것도 바로 양심 때문이다. 양심은 각 사람에게 말하는 내면의 음성이다. 우리는 수시로 양심의 소리를 듣는다.

어떤 사람들은 "내가 예수님 시대에 살았더라면 얼마나 좋았을까! 그분의 음성과 교훈을 직접 들었을 텐데…"라고 말한다. 그러나 그들은 예수님 당시에 수천 명이 예수님의 말씀을 들었지만, 그 말씀을 이해하지 못했다는 사실을 망각하고 있다. 그들은 예수님의 제자들이 주님의 말씀을 이해하기 위해 오순절 성령강림 때까지 기다려야 했다는 사실을 망각하고 있다.

"예수님의 말씀을 직접 들었더라면 참 좋았을 텐데…"라고 말하지 말라. 지금 우리는 예수님 당시의 사람들보다 더 유리한 입장에 있다. 모든 사람을 비추는 빛이 지금 우리에게 향하고 있다! 당신에게는 양심이라는 내면의 음성이 있다!

어떤 사람들은 무디나 심슨(A. B. Simpson, 1843~1919. 미국의 저명한 복음전도자)의 설교를 직접 듣지 못한 것을 아쉬워한다. 그러나 그들이 성경말씀과 양심을 가지고도 변화되지 않았다면, 그들이 사도 바울의 설교를 녹음테이프로 듣는다 할지라도, 아니 바울이 그들 중에 나타나 직접 설교한다 할지라도, 그들은 그 설교에서 아무 유익을 얻지 못할 것이다.

### 접촉점

우리는 무디나 심슨의 음성보다 더욱 참된 음성을 들었다. 바울의 음성보다 더욱 강력한 음성을 들었다. 우리는 '그 음성', 즉 최초의 그리고 최후의 음성을 들었다. 마음속에 있는 빛의 음성을 들었다. 즉, 간음하다가 붙잡힌 여자를 비난한 자들이 들었던 음성을 들었다.

"내가 지극히 훌륭한 설교자들의 설교를 들었더라면…"이라고 말하는 것은 순전히 위선이다. 절반만 구원받은 그리스도인들이 모여 있는 회중은 그들 가운데 있는 빛, 즉 모든 사람을 비추는 빛에 주목하지 않는다. 그들은 자기들 속에서 들리는 음성을 무시한다. 그러나 교회는 내면의 음성을 듣고 그 음성에 따라야 한다.

나는 위대한 일을 이룬 위대한 사역자들을 깎아내리고 싶은 마음이 전혀 없다. 그러나 그들이 우리의 문제를 해결해주는 것은 아니다. 바울 주변에 위선자들이 있었고, 베드로 주변에는 아나니아와 삽비라 같은 사람들이 있었고, 우리 주님 곁에는 가룟 유다 같은 사람이 있었다. 위대한 설교자들과 위대한 복음전도자들이 100퍼센트 성공을 거둔 것은 아니다. 그들의 음성을 들었지만 자기들이 듣는 것이 무엇인지 깨닫지 못하는 사람들이 언제나 옆에 있었기 때문이다. 당신은 내 설교보다 더 유창한 설교를 얼마든지 들을 수 있다. 당신은 어떤 설교자나 저술가의 말보다 더 진지한 말을 들을 수 있다.

언젠가 나는 뉴욕 시에서 열린 작은 규모의 정오예배에 참석

한 적이 있다. 그 예배에서 어떤 목회자가 이렇게 말했는데, 나는 그 사람의 말을 결코 잊을 수 없다.

"우리는 어떤 사람이 복음을 받아들였다고 하면 성령의 조명을 받은 것이라고 생각합니다. 그러나 그렇지 않습니다. 설교자가 외치는 말씀을 들었다고 해서 모두 성령의 조명을 받는 것은 아닙니다."

그렇다. 음성이 조명을 주는 것은 아니다. 조명을 주는 분은 접촉점(接觸點)이신 성령님이다. 조명을 주는 분은 우리 안에서 말씀하시는 성령님이다. 성령께서 빛을 비추실 때 사람들은 하나님 앞에서 자기 자신을 살피게 된다. 우리 귀에 아무리 많은 성경말씀이 들린다 해도 우리가 아무 열매를 맺지 못할 수도 있다. 내적 음성이 있어야 변화가 일어난다. 내적 음성이 사람 안에서 소리를 내기 시작해야 비로소 그 사람이 조명을 받은 것이다. 그 음성은 양심의 음성이며, 죄를 깨닫게 하는 음성이다.

### 양심이 화인 맞은 자

이제 인간이 자신의 양심에 어떻게 대처하는지 살펴보자. 사도 바울은 디모데에게 목회의 목적이 "청결한 마음과 선한 양심과 거짓이 없는 믿음으로 나는 사랑"(딤전 1:5)에 있어야 한다고 가르쳤다. 그러면서 그는 어떤 사람들이 청결한 마음과 선한 양심과 거짓이 없는 믿음으로 나는 사랑에서 벗어나 헛된 말에 빠졌다고 덧붙였다(딤전 1:5,6). 여기서 우리는 어떤 사람들은 선한 양심이 있지만, 또 어떤 사람들은 완고한 말(馬)처럼 선한 양심을 버린다는 것을 분명히 알 수 있다. 후자는 양심의 소리를 듣지 않기 때문에 그들의 종교는 헛된 것이 되고 만다. 그들은 자기 마음대로 살아도 된다고 믿는 그리스도인들이다. 그러나 자기 마음대로 사는 인생에는 형벌이 따른다. 그것을 의식하든 못하든 말이다.

그들이 헛된 말이나 늘어놓는 사람들이 되었다는 것에 주목하라. 그들은 종교에 대해 지극히 큰소리로 떠들어대지만, 그것은 말로 끝나고 만다. 왜냐하면 선한 양심을 버렸기 때문이다. 선한 양심, 분명한 양심이 없다면 이 세상의 모든 설교도 무용지물이 되고 만다. 선한 양심을 버린 사람은 진리를 받아들일 수도, 진리에 반응할 수도 없다.

바울은 디모데에게 양심과 관련하여 또 다른 교훈을 주었다. 그는 "성령이 밝히 말씀하시기를 후일에 어떤 사람들이 믿음에서 떠나 미혹케 하는 영과 귀신의 가르침을 좇으리라 하셨으니"(딤전 4:1)라고 말했다. 그러면서 이런 사람들은 "자기 양심이 화인(火印) 맞아서 외식함으로 거짓말하는 자들"(딤전 4:2)이라고 덧붙였다.

여기서 우리는 양심이 화인 맞은 자들이 거짓 교훈에 빠지고 만다는 것에 주목해야 한다. 어떤 사람들은 진리의 말씀으로 양육 받은 사람들이 어떻게 그토록 하루아침에 진리에서 떠나 거짓 종교에 빠질 수 있는지 의아해할 것이다. 그러면서 그들은 '아마도 그 사람이 혼란에 빠진 것 같다'라고 생각할 것이다. 그러나 그렇지 않다. 거짓된 교리는 선한 양심에 아무런 영향을 끼치지 못한다. 그러나 양심이 화인 맞으면 얘기는 달라진다. 불을 가지고 장난하면서 양심을 태워버린 사람, 죄라는 뜨거운 쇠를 아무 망설임 없이 만질 정도로 양심이 화인 맞은 사람에게는 어떤 안전장치도 남아 있지 않다. 따라서 그런 사람들은 사이비 종교, 이단, 거짓 종교들에 얼마든지 빠질 수 있다.

교회학교를 착실히 다니고, 십계명을 배우고, 산상수훈을 알고, 그리스도의 탄생과 십자가 수난과 부활의 이야기를 줄줄 외우던 사람들이 사이비 종교에 빠지는 일을 도대체 어떻게 설명해야 하는가? 그것은 그들이 내적 음성을 우습게 여기고, 내면에서 외치는 소리를 듣지 않기 때문이다. 하나님께서 그들에게서 돌아서서 그들을 자신들의 뜻대로 내버려두신 것이다. 양심이 화인 맞은 그들이 이리저리 방황하다가 결국 거짓 종교의 품에 안긴 것이다.

### 더러운 혀

바울은 디도에게 마음과 양심이 더러운 사람들이 있다고 말했다(딛 1:15). 그들은 "하나님을 시인하나 행위로는 부인하니 가증한 자요 복종치 아니하는 자요 모든 선한 일을 버리는 자"(딛 1:16)이다. 그들은 내적으로 더러운 자들이다. 그들이 하는 말도 더럽다. 혀가 더러운 사람은 전염병 환자만큼이나 주위 사람들에게 두려움을 준다. 혀가 더럽다는 것은 양심을 침묵하게 만드는 더 깊은 병이 마음속에 있다는 증거이다.

아이들을 키울 때 나는 다른 부모들과 마찬가지로 내 아이들이 소아병(小兒病)에 걸릴까봐 걱정을 많이 했다. 한번은 아이들 중 하나가 병에 걸렸을 때 나는 그것이 성홍열이 아닌가 하고 걱정했다. 나는 도서관으로 급히 달려가 의학 코너를 찾았다. 그리고 성홍열의 결정적 증상이 혀가 딸기처럼 변하는 것임을 알았다. 나는 집으로 돌아와 아픈 아이의 혀를 보았다. 다행히 혀가 딸기처럼 변해 있지는 않았다. 성홍열이 아니었던 것이다. 하지만 나는 '아이가 혹시 성홍열에 걸린 게 아닐까?'라고 생각하며 무척 두려웠던 것이 사실이다. 만일 그 아이의 혀가 딸기처럼 변해 있었다면, 그것은 그 아이의 몸 안에 백만 개의 파괴적인 세균이 존재한다는 증거였다.

**어떤 사람의 혀가 더럽다면, 그것은 그 사람이 육적 질병이**

아니라 영적 질병에 걸렸다는 증거이다. 그 사람의 혀가 방금 설교를 끝냈다 할지라도, 그 사람의 혀가 한 시간 동안 기도했다 할지라도, 그것은 아무 의미가 없다. 그에게는 병이 있는 것이고, 그의 양심이 더러운 것이다.

디도서 1장 16절에 따르면, 이런 사람은 "모든 선한 일을 버리는 자"이다. 나는 "선한 일을 버리는 자"라는 말을 싫어한다. 이런 사람은 거대한 암초에 부딪혀 파선한 배와 같다. 그는 도덕적으로 파선한 것이다. 이런 사람은 풍파를 만나 파괴되어 해안으로 밀려와 모래투성이가 되고 태양과 해풍에 부식되어 아무도 원하지 않게 된 흉물스러운 배와 같다.

바울은 고린도의 그리스도인들에게 "내가 내 몸을 쳐 복종하게 함은 내가 남에게 전파한 후에 자기가 도리어 버림이 될까 두려워함이로라"(고전 9:27)라고 말했다. 바울은 영적으로 건강하지 못한 사람이 되기를 원하지 않았다. 물론 나도 그렇게 되기를 원하지 않는다.

### 피 뿌림을 받은 양심

이제 나는 앞에서 말한 더러운 양심과는 전혀 다른 양심에 대해 언급하겠다. 이런 양심이 있다는 것에 대해 하나님께 감사한다. 히브리서 기자는 "우리가 마음에 뿌림을 받아 양심의 악을 깨닫고 …"(히 10:22)라고 말한다. 이 세상에서 가장 놀랍고 안심이 되고 건전하고 풍요로운 것이 있는데, 그것은 양심이 자유롭게 되었을 때 느끼는 해방감이다. 양심에 찔려서 고민하는 사람에게 하나님께서 자유를 주시면 그는 마음으로 자기가 깨끗해졌다는 것을 깨닫고 무거운 짐을 벗어버리게 된다. 마음이 자유를 맛본 것이다. 하늘이 기뻐하고, 하나님께서 미소 지으시고, 죄가 사라졌다는 것을 알기 때문이다. 갈보리의 보혈로 뿌림을 받은 양심! 이것이야말로 이 세상에서 가장 경이로운 것이다.

병들고 욱신욱신 쑤시고 진리에 저항하는 악한 양심을 가진 사람은 그리스도께서 보혈을 뿌리시지 않으면 무거운 짐에서 벗어나지 못하고 계속 허덕인다. 그러다가 갑자기 마음에 어린 양의 보혈로 뿌림을 받게 된다. 그런 시간이 오기 전까지 사람들은 사제(司祭)를 찾아가 죄 사함의 선언을 듣지만, 사제는 그들의 죄를 경건 속에 잠시 묻어 둔 것에 불과하다. 하나님과 올바른 관계를 맺으려면 모든 죄를 고백해야 한다.

어떤 사람은 나에게 자기가 죄를 여러 번 고백하고 죄 사함의 선언을 들었다고 말했다. 하지만 그가 진짜 회심(回心)하기 전까지 하나님께서는 그의 죄를 반복해서 용서하셔야 한다(이 말도 그가 나에게 한 것이다). 자신의 죄가 깨끗하게 되고 용서받은 사람은 그것을 안다. 우리 각 사람 안에는 우리를 비난하기도 하고 혹은 변호하기도 하는 음성이 있다. 이 음성이 우리에게 "평안이요!"라고 말하고 우리의 선한 양심이 하나님을 향하여 찾아가면(벧전 3:21), 우리는 모든 문제가 해결되었다는 것을 즉시 알 수 있다. 그렇게 되면 이 세상의 어느 누구도 우리를 낙심시킬 수 없다. 이것이 바로 회심이다! 나는 이런 죄 사함을 전한다. 인간의 영혼에 이런 일이 일어날 수 있다.

어릴 적에 나는 농장에서 자랐다. 나는 병아리가 부화하려고 할 때 그것을 그냥 내버려두는 것이 좋다는 것을 알게 되었는데, 내가 돕겠다고 나섰을 때 그 병아리들은 언제나 표시가 났다. 그것들은 다른 놈들보다 약하거나 다리를 절었다.

우리가, 하나님과 올바른 관계를 맺기를 원하고 죄를 뉘우치는 사람을 돕는 문제도 이와 유사하다. 이런 사람을 돕겠다는 좋은 의도를 가지고 나서는 사람들이 있다. 그들은 이런 사람과 함께 무릎을 꿇고 기도하고, 성경본문을 읽어주고, 약간의 희망이 보일 때까지 계속 기도한다. 하지만 의욕만 넘치는 양계장의 산파(產婆)처럼 그들은 이런 사람을 둥지에서 끄집어내어 바싹 말려서 회심자 명단에 올린다. 그러나 결국 그들은 그 사람을 보면서 "어찌하여 이 사람은 믿음이 성장하지 않는가?"라고 탄식하게 될 뿐이다. 그러나 성령께서 산파 역할을 하시면 얘기가 달라진다. 성령님이 이런 사람을 거듭나게 하시면 그는 우렁찬 울음소리와 함께 건강한 몸을 가지고 하나님나라의 시민으로 태어난다. 그들의 죄가 용서받고 그들의 짐이 벗겨졌기 때문이다.

### 내면의 설교자

이 장(章)을 끝내기 전에 한 가지만 더 이야기하겠다. 우리가 내적 음성, 즉 양심의 목소리를 침묵하게 하는 것은 우리 자신에게 치명적인 결과를 초래할 수 있다. 어떤 사람들은 거짓말하는 습관에 격렬하게 항의하는 양심의 소리를 막아버린다. 그러나 양심은 정직하지 못한 부분을 분명히 지적하고, 질투나 그 밖의 다른 죄를 꾸짖는다.

양심에 저항하는 것, 내면의 음성을 무시하는 것은 언제나 위험하다. 그러므로 주님이 당신의 내면에 말씀하시도록 하라. 당신의 존재 가장 깊은 부분에 말씀하시도록 하라. 어떤 누구에게도 기댈 수 없는 양심이 당신 안에 있다. 다른 사람과 짐을 같이 질 수 없는 양심이 당신 안에 있다. 당신 안에 있는 양심은 당신을 다수로부터 격리시켜 "죄인은 바로 당신이오!"라고 소리친다. 양심의 소리를 들을 때, 당신은 고개를 숙이고 아무도 보지 않는 중에 살금살금 도망치기를 원할 것이다.

인간에게 양심을 주신 하나님께 감사하자. 이 세상에 양심과 하나님의 음성이 없다면 우리 모두는 금방 짐승처럼 변할 것이다. 모두 도덕적으로 타락할 것이다. 내적 음성도 없고 양심도 존재하지 않는 지옥에는 "불의를 하는 자는 그대로 불의를 하고 더러운 자는 그대로 더럽게 하라"(계 22:11)라는 말이 써 있을 것이다. 내적 음성이 당신에게 말한다면, 내면의 설교자가 군중에게 설교하는 것이 아니라 홀로 있는 당신에게 말한다면, 그 음성에 따르라!

chapter 06

# 하나님은 우리의 본성을 길들이지 않으시고
## 완전히 새롭게 바꾸신다

교육과 법은 아담에게서 비롯된 인간의 본성을 약간 억제시키는 효과는 가지고 있지만, 그것을 제거하지는 못한다. 그러나 희망이 있다! 예수 그리스도는 우리의 본성을 바꾸기 위해 오셨다. 우리의 죄의 습관들을 제거하기 위해 오셨다.

### 전쟁터를 방불케 하는 싸움

우리는 진실한 사람이 보기 드문 시대에 살고 있다. 현대 사회에서 우리는 다른 사람들과 얽혀서 살아가고 있는데, 대부분의 사람들이 자신을 포장하며 산다. 다시 말해서 가면을 쓰고 사는 것이다. 그런데 사람들이 자신의 진정한 모습을 드러낼 때가 있는데, 그것은 바로 그들의 분노가 폭발했을 때이다. 분노가 폭발했을 때 비로소 그들은 자연스럽게 행동하기 시작한다. 자제심을 잃어야 비로소 본색이 드러난다. 화가 나서 독설을 내뱉는 사람은 그의 참모습을 드러낸 것이다. 가면을 쓰지 않은 사람을 보려면 열 받아서 펄쩍펄쩍 뛰는 사람을 보아야 하는 현실이 참으로 슬프고 안타깝다.

요한복음 8장에 기록된 예수님과 유대인들 사이의 논쟁에서는 가면도, 극적인 효과를 노린 치밀한 각본도, 겉치레도 없었다. 예수님은 자기를 죽이려는 유대 지도자들과 정면으로 충돌하셨다.

"너희는 너희 아비 마귀에게서 났으니 너희 아비의 욕심을 너희도 행하고자 하느니라 저는 처음부터 살인한 자요 진리가 그 속에 없으므로 진리에 서지 못하고 거짓을 말할 때마다 제 것으로 말하나니 이는 저가 거짓말쟁이요 거짓의 아비가 되었음이니라 내가 진리를 말하므로 너희가 나를 믿지 아니하는도다 너희 중에 누가 나를 죄로 책잡겠느냐 내가 진리를 말하매 어찌하여 나를 믿지 아니하느냐 하나님께 속한 자는 하나님의 말씀을 듣나니 너희가 듣지 아니함은 하나님께 속하지 아니하였음이로다"(요 8:44-47).

나는 이 말씀을 읽을 때 전쟁터의 장면이 떠오른다. 포탄이 날아가는 소리가 들리는 것 같다. 적의(敵意)와 증오와 원한으로 가득한 것 같다. 분노와 격정으로 가득한 유대인들의 공격에 예수님은 엄하고 단호한 말씀으로 반격하셨다. 그들은 분노했고, 자제심을 잃었고, 모든 외식(外飾)을 집어던졌다. 그들은 가식 없이 본색을 드러냈다.

이것은 각본에 따른 연극이 아니었다. 극장에서는 실제로 싸움이 일어나지 않지만, 이것은 실제 상황이었다. 이것은 전투였고, 이 전투의 배후에는 '눈에 보이지 않는' 세력이 존재했다. 어둡고 불길한 영(靈)이 사람들을 조종했다. 그 영은 사람들로 하여금 예수님의 입을 통해 말씀하시는 성령님을 훼방하는, 용서받을 수 없는 죄를 저지르도록 했다. 이 싸움은 생사(生死)가 걸린 싸움이요, 영원한 운명을 결정짓는 싸움이었다. 예수님과 이 사악한 자들이 나눈 대화 속에는 천국과 지옥을 결정짓는 중대한 의미가 숨어 있었다.

### 진리에 타협은 없다

우리 주님이 유대 지도자들에게 말씀하신 것은 거룩한 말씀이었으며, 거룩한 마음에서 나온 것이었다. 예수님은 자신과 논쟁을 벌이는 자들을 위해 목숨까지도 내어주시는 사랑의 마음에서 이런 말씀을 하셨다. 그렇지만 유대인들의 불신앙이 매우 심각한 문제였기 때문에 주님은 그들을 창으로 찔러 꼼짝 못하게 하셔야 했다. 주님은 모든 시대의 사람들이 그들의 본성을 꿰뚫어 볼 수 있도록 그들을 벌거벗기셨다.

이 사건을 보고 어떤 사람들은 "예수님이 바리새인들 및 유대 지도자들과 타협하셔야 했다. 그들과 공존하는 방법을 찾으

서야 했다"라고 말하기도 한다. 그러나 우리는 예수님에게서 매우 놀랍고 독특한 점을 발견할 수 있다. 예수님은 예수님 자신이셨다. 예수님은 예수님이 아닌 다른 어떤 존재가 될 수 없는 분이셨다. 우리는 "예수님이 원하셨다면 그들과 그렇게 충돌하지 않고 공존하는 길을 모색하실 수도 있었다"라고 말하기 쉽다. 그러나 예수님은 사태를 악화시킬 필요가 없음에도 불구하고 그렇게 하셨다. 주께서 화를 내지는 않으셨지만, 그렇다고 해서 뒤로 물러서지도 않으셨다.

예수님은 자신이 말씀하신 것을 취소하는 분이 아니었다. 주님은 누구에게도 사과할 필요가 없는 분이셨다. 주님은 마음에 없는 말을 하신 적이 한 번도 없다. 책망하거나 사랑하거나 긍휼을 베푸실 때 우리 주님은 지나침이나 모자람 없이 적정한 수준에서 그렇게 하셨다. 만일 타협하는 것이 하나님의 일이라면 주님은 타협하여 그 일을 이루셨을 것이다. 그러나 우리 주님은 선을 분명히 그으며 "나와 함께 아니하는 자는 나를 반대하는 자요"(마 12:30)라고 말씀하셨다. 예수님은 제3의 지대를 남겨두지 않으셨다. 하나님나라에는 어둠이 없고, 지옥에는 빛이 없다. 예수님은 천국의 빛과 지옥의 어둠 사이에 분명한 선을 그으셨다. 이 둘을 적당히 합쳐서 '타협의 중간지대'를 만들지 않으셨다.

유감스럽게도, 오늘날 교회들은 천국과 지옥 사이에 이런 중간지대를 만들려고 애를 쓴다. 일부 목회자들은 이렇게 하면 세상 사람들과 사이좋게 지내고, 그들에게 교회에 대한 좋은 인상을 줄 수 있다고 믿는다. 그러나 만일 예수님 당시에 이런 식으로 교회의 이미지를 재고하려는 시도가 있었다면, 예수님은 그것을 단호히 거부하셨을 것이다. 만일 예수님 당시에 여론조사를 실시했다면 예수님의 지지도는 30퍼센트 정도밖에 안 되었을 것이다. 만일 누군가 예수께 타협안을 내놓았다면 주님은 그것을 단호히 거부하셨을 것이다. 왜냐하면 진리의 문제에 있어서 그리스도께 타협이란 결코 있을 수 없기 때문이다.

진리는 진리이다. 진리는 세상의 평판을 두려워하지 않는다. 진리는 그것이 초래할 결과에 대해 걱정하지 않는다. 누가 진리를 받아들이고, 누가 진리를 미워할 것인지에 대해 염려하지 않는다. 무엇을 얻고, 무엇을 잃을 것인지에 대해 걱정하지 않는다.

### 마귀에게 속한 자들

우리 주님은 성육신(成肉身)하신 진리이다. 그래서 예수님을 둘러싸고 갈등과 적의가 생길 수밖에 없었다. 만일 예수님이 뒤로 물러서서 별로 내키지 않는다는 듯이 미온적으로 진리를 말씀하셨다면 어떻게 되었을까? 그럴 경우, 분명한 선이 그어지지 않았을 것이다! 예수님이 분명한 선을 긋지 않으셨다면, 어떤 사람들은 천국과 지옥이 팔짱을 끼고 다정하게 길을 걸으며 "우리 서로 동의할 수 없다면 적어도 싸우지는 말자"라고 말하는 것을 기뻐했을 것이다.

물론 영적 문제나 도덕적 문제가 아닌 경우에는 이야기가 달라진다. 단지 취향의 문제라면 "우리 서로 동의할 수 없다면 적어도 싸우지는 말자"라고 말하는 것이 고상한 행동일 것이다. 그러나 영적 확신과 관계된 문제일 경우, 사과하는 사람은 사실 겁쟁이에 불과하다.

예수님과 유대인들 사이의 싸움에서는 취향이나 예의나 미적(美的) 감각이나 예술이 문제가 아니었다. 그래서 예수님이 유대인들에게 "너희는 너희 아비 마귀에게서 났으니 …"(요 8:44)라고 말씀하셨던 것이다.

바리새인들은 주께 "네가 너를 위하여 증거하니 네 증거는 참되지 아니하도다"(요 8:13)라고 말했고, 이에 예수님은 "너희는 나를 알지 못하고 내 아버지도 알지 못하는도다 나를 알았더면 내 아버지도 알았으리라"(요 8:19)라고 말씀하셨다.

바리새인들은 "우리 아버지는 아브라함이라 …"(요 8:39)라고 말했고, 이에 예수님은 "… 너희가 아브라함의 자손이면 아브라함의 행사를 할 것이어늘"(요 8:39)이라고 말씀하셨다.

예수님은 그들이 말할 때마다 그들의 말을 받아서 침착하고 단호하게 그것에다 창을 박으셨다. 예수님의 창이 그들의 말을 사정없이 관통했다. 예수님은 그 후 모든 시대 모든 사람들이 분명히 볼 수 있도록 그 창을 높이 드셨다.

당신이 "왜 예수님은 그렇게 하셨습니까?"라고 물을지 모르겠다. 그렇다면 분명히 알라! 예수님과 논쟁을 벌인 유대인들은 도덕적 사기꾼들이었다. 적어도 외형적으로 그들의 종교적 배경은 물샐틈없이 완벽했다. 그들만큼 종교적으로 완벽한 배경을 갖춘 집단이 역사상 또 있을까? 아마 없을 것이다. 그들을 보라. 아브라함이 그들의 조상이었다. 그들은 자신들의 족보를 가지고 혈통을 그 뿌리까지 제시할 수 있는 사람들이었다. 유대인들이 그토록 애지중지하게 여기던 계보 서책(書冊)이 티투스(Titus, AD 39~81. 79년부터 81년까지 고대 로마제국의 황제)가 예루살렘을 점령할 때 소실되었지만, 그전까지만 해도 유대인들은 계보를 조회하면 자신들의 지파와 조상을 확인할 수 있었다. 그들은 자기가 어디에 속해 있는지 정확히 알 수 있었다.

또한 유대인들에게는 성전과 성지(聖地)와 율법 두루마리가 있었고, 정교하게 맞물려 돌아가는 제사장들의 사역이 있었다. 그들 모두는 자기들의 기원이 하나님이라고 믿고 있었다. 그들은 그렇게 확신했고, 그것을 증명할 수도 있었다. 그들의 종교적 배경은 흠잡을 데 없었다.

### 인간은 자신의 본성에 따라 행동한다

그러나 하나님의 빛이 그들에게 비추었다. 모든 사람을 비추는 이 빛이 그들의 정교한 외식, 가식적인 신앙고백, 진짜 조상의 정체, 부패한 회당들, 거짓된 주장과 언약을 폭로했다.

예수님은 그들에게 단도직입적으로 세 가지를 말씀하셨다. 예수님의 말씀의 바탕에 깔려 있는 큰 틀에 주목하는 사람은 주님의 말씀이 대전제, 소전제 그리고 결론으로 구성되어 있다는 것을 알 수 있을 것이다.

예수님은 그들에게 "하나님께 속한 자는 하나님의 말씀을 듣는다"라고 말씀하시고, "너희는 하나님의 말씀을 듣지 않는다"를 상기하게 하심으로써 "그러므로 너희는 하나님께 속하지 않았다"라는 결론을 내리셨다(요 8:47).

"하나님께 속한 자는 하나님의 말씀을 듣는다"라는 대전제에는 바리새인들과 유대 지도자들도 기꺼이 동의했을 것이다. 그렇지만 곧 그들은 자기들이 하나님의 말씀을 거부한다는 문제에 직면했다. 하나님의 말씀을 따르겠다는 마음이 있느냐 없느냐 하는 문제는 논리의 문제가 아니라, 하나님께 속하였느냐 아니냐를 확인할 수 있는 실질적인 문제이다.

여기서 내가 지적하고 싶은 것이 있다. 성경적 의미에서 하나님의 말씀을 듣는다는 것은 연주회에서 음악을 듣는 것과는 다르다. 수많은 사람들이 좋은 음악을 매일 듣지만, 그냥 들을 뿐이다. 즉, 듣는 것으로 끝난다. 음악 듣기가 그들에게 도덕적으로 영향을 끼치지는 않는다. 그들은 음악 감상을 할 뿐이지, 음악을 듣는다고 해서 도덕적으로 더 좋아지지도 않고 더 나빠지지도 않는다. 그러나 하나님의 말씀을 듣는다는 것은 공감하면서 듣고, 말씀에 주의하고 순종하는 것을 의미한다. 그러므로 하나님께 속한 사람은 하나님의 말씀에 공감하면서 듣는다. 그 말씀에 주의하고 정신을 집중하고 순종한다. 하나님께서 그 말씀을 통해 명령하시는 것을 행한다. 이런 것이 없는 사람들은 하나님께 속한 것이 아니다. 예수님과 논쟁을 벌인 사람들이 진정으로 하나님께 속했다면 진리의 말씀을 듣고 순종했을 것이다. 옳은 일을 행했을 것이다. 진리대로 살았을 것이다. 그러나 그들은 그렇게 하지 않았다!

이런 맥락에서 볼 때, 우리는 "인간은 자신의 본성(本性)에 따라 행동한다"라는 진리를 다시 한 번 확인할 수 있다. 이 진리를 반박할 수 있는 사람은 아무도 없다. 우리가 자제력을 잃고 모든 외식을 집어던지고 욕망에 따라 행동할 때 우리의 본성이 드러난다. 요컨대 당신이 어떤 사람인가 하는 것은 당신의 행동에서 드러난다. 당신의 행동은 당신의 본색을 보여준다.

### 야성

이것은 분명한 사실이요, 우리 주님이 분명히 말씀하신 것이다. '우리가 어떤 존재인가'라는 것은 '우리가 어떻게 행동하는가'라는 것보다 더 중요하다. 우리의 행동은 우리가 가진 본질의 외적 징후일 뿐이다. 예를 들어, 화내는 문제에 대해 생각해보자. 우리는 분노라는 악(惡)을 은폐하기 위해 매번 새로운 계략을 생각해낸다. 사람들은 "그가 화를 냈다"라고 말하지 않고 대신에 "그가 신경이 날카로워졌다"라고 말한다. 사람들은 "그녀가 화를 냈다"라고 말하지 않고 대신에 "그녀가 신경과민 증세를 보였다"라고 말한다. 그러나 이런 표현들은 사실상 "그(그녀)가 화를 냈다"라는 것을 의미한다. "냉정을 잃다" 또는 "자제심을 잃다"라는 표현들도 마찬가지이다. 그러나 화를 내는 것은 신경과 관련된 문제가 아니라 마음과 관련된 영적 문제이다.

내가 설교할 때 사람들이 미소를 지으며 고개를 끄덕이는데, 그것은 그들의 참된 모습이라고 볼 수 없다. 정확히 말하자면, 그것은 어떤 조건이 주어졌을 때 나오는 반사작용이다. 그러나 그들이 화를 낸다면 그것은 그들의 참된 모습이다. 그들의 내적 존재가, 그들의 욕구가, 그들의 본성이 폭발할 때 나오는 행동이 그들의 본질이다.

바리새인들과 유대 지도자들의 본성은 예수님 주변에서 마치 폭탄처럼 연거푸 터졌다. 그들에게 던진 예수님의 말씀에는 "너희가 나를 향해 터뜨린 이 모든 증오와 악의는 너희가 어떤 존재인지를 증명해줄 뿐이다. 만일 너희가 하나님께 속했다면 이렇게 하지 않을 것이다. 만일 너희가 하나님께 속했다면 하나님의 말씀을 듣고 그것에 따라 행할 것이다. 그러나 지금 너희는 너희의 본성에 따라 행하고 있다. 지금 너희의 행위가 너희가 어떤 자들인지를 증명해준다"라는 뜻이 내포되어 있다.

여기서 우리는 "이런 사실이 역사 속에서 계속되었다면, 인간의 본성과 인간사회를 바꾸려는 시도들이 없었는가?"라고 물을 수 있다. 물론 있었다. 인류는 인간의 본성을 개선시키기 위해 나름대로 많은 방법을 강구했다. 예를 들면, 교육에 희망을 걸어보았다. 나는 교육과 훈련의 가치를 안다. 교육은 우리를 더 훌륭한 사회 구성원으로 만들기 위해 생겨난 것이다. 훈련은 우리의 행동을 길들여 우리로 하여금 습관화된 유형에 따라 행동하도록 만든다. 그러나 우리가 교육과 훈련을 통해 새로운 본성을 가질 수는 없다.

농가의 외양간에 있는 황소는 길들여진 동물이지만, 때로는 난폭해진다. 무엇엔가 화가 나면 황소는 분노를 폭발시킨다. 머리를 들이밀면서 거친 소리를 낸다. 황소의 분노가 이렇게 폭발할 때 농장에 남아 있는 사람은 재빨리 나무로 기어오르거나 황소가 따라올 수 없는 담장을 넘어 도망쳐야 한다. 그렇지 않으면 크게 다칠 것이다. 왜 이런 일이 일어날까? 그것은 황소가 분노를 폭발시켜 수 세기 동안의 순치(馴致)의 굴레를 깨뜨렸기 때문이다. 오랜 세월 동안 길들여졌음에도 불구하고 황소의 깊은 내면에는 야수의 본성이 변하지 않은 채 잠복해 있는 것이다.

### 인간의 본성은 예측할 수 없다

황소는 분노가 가라앉으면 (아마도) 온순해져서 주인을 따라 다시 농가의 외양간으로 들어갈 것이다. 그러나 농부는 그 놈이 언제 또 미친 듯이 날뛸지 알 수 없다. 왜냐하면 오랜 세월 길들여졌음에도 그 놈의 본성은 여전히 야성(野性)으로 남아 있기 때문이다.

우린 인간도 황소와 별반 다르지 않다. 나는 대학교를 졸업하고 6년 동안 대학원에서 전문적 훈련을 받은 사람이 분노를 이기지 못해 그의 아내를 살해했다는 기사를 읽은 적이 있다.

교육을 받지 못하고 가난하고 소외된 사람들만이 폭력적인 죄를 범한다고 생각하지 말라. 폭력적인 범죄는 사회적 및 경제적으로 혜택을 많이 누리는 계층에서도 발생한다. 이렇게 교육은 인간의 본성을 바꿀 수 없다. 물론 교육이 억제 수단으로 작용하여 어느 정도 절제할 수 있는 능력을 길러주는 것은 사실이다. 그러나 교육받은 사람들이 자신들의 본성에 따라 마음대로 행동하도록 내버려둔다면 그들의 본색이 드러날 것이다.

사회는 사람들을 변화시키려고 법이라는 방법을 사용하기도 한다. 물론 나는 법에 찬성하는 사람이다. 그러나 법이 무력할 때가 많다. 탐욕을 예로 들어 생각해보자. 탐욕은 물질을 움켜쥐고 싶어 좀이 쑤시는 것이요, 돈을 사랑하는 것이다. 대부분의 사람들에게는 탐욕이 있다. 만일 어떤 사람들이 탐욕에 빠져 있다면 이 세상의 그 무엇도 그들을 탐욕에서 건져낼 수 없다. 우리는 그들의 마음에서 탐욕을 씻어낼 수 있는 물을 갠지스 강이나 다른 어떤 강에서도 발견할 수 없다. 슈퍼마켓에서 파는 비누를 모두 사용한다 할지라도 그들의 탐욕을 씻어낼 수 없다.

만일 탐욕스러운 사람을 그대로 내버려두면 남의 집을 부수거나 혹은 다른 방법을 써서 도둑질을 할 것이다. 이것을 잘 아는 입법자들은 절도죄를 처벌하는 법을 만들어 탐욕을 다스리려고 한다. 절도죄를 처벌하는 법에는 "탐욕을 잘못된 방법으로 충족하려고 한다면 그것은 절도죄이다"라는 논리가 깔려 있다. 사람들은 자신의 탐욕을 최대한 억제하려고 하는데, 그것은 그들이 잘못된 방법으로 탐욕을 충족하지 못하도록 사회가 길들였기 때문이다. 종종 우리는 사람들의 탐욕을 눈치채지 못하는데, 그것은 사회가 법으로써 그들의 탐욕을 억제하고 있기 때문이다. 하지만 사람들 속에는 여전히 탐욕이 도사리고 있다. 즉, 인간은 여전히 탐욕스러운 존재이다. 사람들의 마음에서 탐욕이 제거되지 않았다. 사람들은 탐욕을 감추고 억제할 뿐이다. 왜냐하면 그것을 표출하는 순간부터 문제가 발생하기 때문이다. 그것을 억제하고 있던 빗장이 풀리면 각종 범죄가 발생하고, 그들은 법에 따라 감옥에 갈 것이다.

### 생각으로 찬성하는 것

또 다른 예, 즉 증오에 대해 살펴보자. 증오가 마음속에만 머물러 있는 한 증오를 처벌할 수 있는 법은 없다. 마음속에 있는 증오는 법정에서 증명되지 않는다. 다른 사람을 미워하면 투옥이나 벌금형에 처한다는 법을 만들어봤자 아무 소용이 없다. 증오의 죄로 고소당한 피고의 마음속에 사탄처럼 증오가 가득하다 할지라도 그가 증인석에서 앉아 만면에 미소를 머금으면 배심원단은 무죄라는 평결을 내릴 것이다.

증오를 처벌할 수 있는 법을 만드는 것은 불가능하다. 그래서 입법자들은 사람들이 특정한 행위로써 증오를 표출할 때 그들을 처벌할 수 있는 법을 만들었다. 예를 들면, 어떤 사람이 폭행이나 학대나 살인을 통해 자신의 증오를 표출할 경우에 그들은 처벌을 받는다. 이런 법은 사람들이 마음속에 있는 증오를 행동으로 옮기지 못하도록 하기 위해 제정된 것이다. 그러나 교육과 마찬가지로 법도 아담에게서 비롯된 인간의 본성을 약간 억제시키는 효과는 가지고 있지만, 그것을 제거하지는 못한다.

다시 예수님과 유대 지도자들 사이의 논쟁으로 돌아가자. 유대인들에게 던진 예수님의 말씀 속에는 "너희 눈에 저 연기가 보이느냐? 인류의 역사만큼이나 오래된 죄의 불이 아직도 타고 있다. 교육과 법으로 너희의 본성이 길들여졌지만, 너희는 여전히 너희 아비 마귀와 같다. 너희 마음속에는 살의(殺意)가 있다. 너희는 나를 죽이려고 한다!"라는 뜻이 내포되어 있다. 예수님의 말씀은 얼마 후 사실로 드러났다. 왜냐하면 결국 그들이 예수님을 죽였기 때문이다.

인류의 행동과 사고(思考)를 깊이 살펴보라. 그러면 '생각으로 찬성하는 것'이 인간이란 존재를 구성한다는 사실을 알 수 있을 것이다. 이것을 예를 통해 잘 보여주신 분이 바로 우리 주 예수님이다. 예수님은 위대한 선생이요, 신학자이셨을 뿐만 아니라 위대한 철학자이셨다. 예수님은 만물의 본질을 꿰뚫어 보셨다. 구약성경을 인용하여 말씀하실 때 주님은 문제의 본질을 지적하셨다. 내가 볼 때, 예수님처럼 가르치는 것만이 가장 효과적인 교육이다.

예수님은 "여자를 보고 음욕을 품는 자마다 마음에 이미 간음하였느니라"(마 5:28)라고 말씀하셨다. 음욕을 품는 것은 간음을 생각으로 찬성한 것이다. 만일 당신이 어떤 행동에 대해 생각으로 찬성했다면 당신은 그 행동을 한 것이다. 그리고 당신이 그 행동을 직접 했다면 그것은 그 행동을 통해 당신의 본성을 드러낸 것이다.

간음하다가 잡힌 여자를 끌고 온 서기관들과 바리새인들에게 예수님이 "너희 중에 죄 없는 자가 먼저 돌로 치라"(요 8:7)라고 말씀하셨을 때, 그들은 모두 자기 마음속을 살폈을 것이다. 그들 모두는 자기들이 '생각으로 찬성한 것'을 기억했을 것이다. 그들은 각자 자기의 죄를 보고 조용히 그 자리를 떠났다. 그들은 그 여자를 돌로 칠 자격이 있는 사람이 자기들 중에 한 명도 없다는 것을 깨달았다. 만일 그들이 거룩한 자들이었다면, 그녀는 모세의 법에 따라 돌로 쳐 죽임을 당했어야 마땅하다. 그렇지만 그들 중에는 감히 그녀에게 돌을 던질 수 있는 자가 한 명도 없었다. 예수님은 그 사실을 잘 알고 계셨다. 결국 그들은 얼굴이 빨개진 채 분한 마음을 억누르며 살금살금 그 자리를 빠져나갔다.

### 당신의 실체가 궁금한가?

이것이야말로 '생각으로 찬성하는 것'이 사람의 본질을 구성한다는 사실을 보여주는 한 가지 예이다. 사람이 속으로 은밀히 갈망(감탄)하는 것이 곧 그 사람이다. 내가 만약 당신이 무엇을 사모하는지 알게 된다면 나는 당신이 어떤 사람인지 짐작할 수 있다. 당신이 원하는 것을 마음껏 상상해보라고 할 때 당신이 상상하는 것, 그것이 바로 당신이다!

당신의 입교, 세례, 당신 이름이 있는 교인 명단, 당신이 가지고 다니는 성경, 이런 것들은 하나님께 중요하지 않다. 침팬지에게 훈련을 시키면 성경을 가지고 다닐 수 있다. 우리가 속으로 감탄하고 사모하는 것들, 우리에게 충분한 자유와 여건이 허락되었을 때 우리가 생각하고 간절히 원하는 것들, 그것들의 총체(總體)가 바로 우리 자신이다.

자기의 일을 열심히 하는 사업가를 생각해보자. 그 사람이 다른 어떤 일을 꿈꿀지라도 상황이 허락되지 않는 한 그 사람은 어쩔 수 없이 자기 일을 계속해야 한다. 그의 배우자는 이 문제에 대해 그 사람에게 해주고 싶은 말이 있을 것이다. 그 사람은 자신의 일을 열심히 하지만, 속으로는 다른 일을 꿈꾼다. 만일 그 사업가에게 자유가 주어진다면 그 사람은 그 일을 할 것이다.

오늘날 많은 사람들이 길들여진 동물처럼 살아가고 있는 것이 사실이다. 많은 남편들이 "여보, 맞아요! 여보, 맞아요!"라고 말하는 데 길들여져 있다(당신은 그가 아내가 없을 때 금붕어와 대화를 나누고 있는 모습을 발견할지도 모른다). 때때로 그는 분노와 증오로 가득 차서 길거리를 돌아다니기도 하지만 집에서는 그런 감정을 숨긴다. 왜냐하면 그는 아내에게 길들여져 있기 때문이다.

### 희망은 없는가?

온유와 순종이 우리의 본색은 아니다. 혼자 있을 때 우리가 생각하는 것, 그것이 바로 우리의 실체이다! 우리가 속으로 느끼는 것, 그것이 바로 우리 자신이다! 우리가 생각하는 것, 우리의 본능과 충동이 원하는 것, 그것이 바로 우리이다! 교육과 법은 우리의 본성을 바꾸지 못한다. 그래서 많은 사람들이 "희망은 없는가? 내가 변화될 수 있는 길은 없는가? 내 본성이 긍정적인 방향으로 바뀔 수 있는 방법은 없는가?"라고 절규한다.

어쩌면 당신은 내게 이렇게 말하기를 원할지도 모르겠다.

"토저 목사님, 당신은 내 마음을 많이 괴롭게 했습니다. 나는 당신이 말하는 것을 압니다. 나는 당신의 논리를 이해합니다. 나는 내가 하나님 앞에서 깨끗하게 설 수 없다는 것을 압니다. 나는 내가 무슨 행동을 했는지 압니다. 나는 내 생각도 압니다. 나는 내가 무엇을 지극히 갈망하는지 압니다. 그렇기 때문에 나는 내가 선하다고 결코 믿지 않습니다. 그렇다면 내가 다른 존재로 바뀔 수 있는 방법이 있습니까? 증오는 지옥에 속한 것이라고 했는데, 그렇다면 내 마음에 증오가 있기 때문에 나는 지옥에 가야 합니까?"

하나님께 감사하라! 희망은 있다! 예수 그리스도께서 길을 마련하셨기 때문에 방법이 있다. 하나님의 말씀에 따르면, 새로운 본성과 소원과 취향을 가질 수 있는 길이 우리에게 열려 있다.

하나님이 제공하시는 도움은 우리의 '종교적 길들이기'에 근거하지 않는다. 하나님은 우리에게 '응용종교심리학'을 제공하지 않으신다. 주께서 약속하신 것은 완전히 새로운 본성이다. 주님은 우리 인간의 영(靈) 안에 완전히 새로운 것을 주겠다고 약속하셨다. 이 완전히 새로운 것이 우리에게 주어지면 우리는 옳은 일을 원하게 될 것이고, 그렇게 되면 우리가 원하는 대로 행동할지라도 우리의 행위는 언제나 옳은 것이 된다. 옳은 일을 원하기 때문에 옳은 일을 행하는 사람은 선한 사람이라는 사실, 이것이 정말로 감사한 것이다!

예수 그리스도는 해결책을 제공하신다. 우리 구주(救主) 예수께서는 탐욕스러운 사람에게 희망이 있다고 말씀하신다. 하나님은 그 사람에게서 탐욕을 제거하시고, 그 사람을 가난한 자들에게 후하게 베푸는 사람으로 변화시키실 수 있다. 주님은 화를 잘 내는 사람에게 희망이 있다고 말씀하신다. 주님은 쉽게 분노하는 사람의 성격을 온유한 성격으로 바꾸실 수 있다. 질투하는 사람에게도 희망이 있다. 하나님께서는 그의 질투를 제거하시고 그 자리에 지극히 높으신 분을 향한 열정을 불어넣으실 수 있다.

하나님은 우리 각 사람에게 완전히 새로운 본성과 도덕적 소원과 성향을 주실 수 있다. 그렇게 되면 우리는 옳은 일을 할 수 있는데, 그것은 우리가 옳은 존재가 되었기 때문이다. 이것이 하나님 말씀의 가르침이다. 이것이 복음이 약속하는 것이다. 이것이 예수 그리스도께서 진정한 제자로서 주님을 끝까지 좇는 자들에게 약속하신 것이다.

### 복음은 단순한 공식이 아니다

너무나 자주 우리는 복음의 초대를 공식으로 바꾸어서 이렇게 말한다.

"동전을 기계에 넣고 레버를 당긴 후 네 상품을 집어 들고 네 갈 길을 가라. 당신은 예수님을 믿는다. 이 소책자를 받아라. 그러면 모든 것이 잘 될 것이다."

물론 이것이 기독교의 시작일 수는 있다. 이것도 나름대로 의미는 있다. 하지만 이것이 복음의 총체는 아니다.

참된 기독교에 대해 성경은 무엇이라고 말하는가? 성경은 "네가 그리스도를 받아들이려면 예수님을 따르고, 예수님을 향한 당신의 의무를 행하라. 주님이 당신을 향해 행하고자 하는 것을 이루시도록 주께 순종하라. 그러면 주님은 당신의 마음에서 원한을 제거하시고, 그 자리에 사랑을 심어주실 것이다. 당신 마음에서 탐욕을 뽑아내시고, 그 자리에 베푸는 마음을 심어주실 것이다. 증오를 뽑아내시고 그 자리에 평안을 심어주실 것이다. 이것이 기독교가 약속하고 가르치는 것이다."

예수님을 대적한 적들은 자기들이 옳은 것을 믿기 때문에 의로운 존재라고 굳게 믿었다. 그들이 현재 우리가 다니고 있는 교회에 방문했다고 가정해보자. 교인들이 그들에게 "당신들은 성경을 믿습니까? 성경이 성령의 감동으로 기록된 하나님의 말씀이라고 믿습니까?"라고 물으면, 그들은 "물론 믿습니다!"라고 대답할 것이다. 바리새인들은 자기들이 옳은 것을 믿는다고 주장했다. 그들은 비교적 옳고 깨끗해 보였다. 하지만 그들의 마음속에는 증오가 있었다.

우리의 행위는 우리의 본성을 드러낸다. 만일 우리의 행위가 우리의 본성이 잘못되었다는 것을 드러낸다면, 우리는 양자택일해야 한다. 계속 그런 절망적인 삶을 살든지 아니면 도움을 받아 그런 삶에서 벗어나든지 하는 양자택일 말이다. 감사하게도, 우리는 절망 가운데 계속 머물러 있을 필요가 없다. 도움을 받을 수 있기 때문이다.

예수 그리스도는 우리에게 도움을 주기 위해 오셨다. 주님은 우리의 본성을 바꾸기 위해 오셨다. 오래된 죄의 습관들을 제거하기 위해 오셨다. 그것들을 정복하고 부수기 위해 오셨다.

당신은 "나는 그리스도를 영접했다. 나는 복음을 믿는다. 나는 내가 믿음으로 의롭다 함을 얻었다고 믿는다. 나는 내가 내 주(主) 예수 그리스도를 통해 하나님과 화평을 이루었다고 믿는다"라고 말할지 모르겠다. 물론 이렇게 말할 수 있을 것이다. 하지만 이런 것은 부기[簿記, 자산, 자본, 부채의 수지·증감 따위를 밝히는 기장법(記帳法)]에 지나지 않는다는 것을 생각해본 적이 있는가? 이런 모든 것은 종교적 부기일 뿐이다.

당신이 "나는 내가 의롭다 함을 얻었다고 믿는다. 그 무엇도 나를 하나님에게서 떼어놓을 수 없다"라고 말하는 것은 부기이다. 이런 고백이 당신에게 의미가 있다는 것을 어떻게 아는가? 당신의 삶과 소원과 본성에 변화가 있는가? 이런 고백을 내세울지라도 당신의 삶과 행위와 존재와 생각과 소원이 옳지 않다면 당신은 옳은 것이 아니다.

당신의 삶에 변화가 있는가? 당신이 그리스도께 나온 이전과 이후에 어떤 차이가 있는가? 새 본성이 생겨 당신이 새사람으로 변했는가? 과거와 다른 사람이 되었는가? 예수님은 당신을 당신이 마땅히 되어야 할 존재로 변화시키기를 원하신다. 당신을 새로운 존재, 다른 존재로 바꾸어주기를 원하신다. 주님은 당신의 내면에 변화를 일으키기를 원하신다. 과거와는 다른 방향으로 깨끗하고 건강하게 생각할 수 있는 마음을 주기를 원하신다.

하나님은 당신이 당신 삶의 통제권을 온전히 하나님께 넘겨드리기를 원하신다.

chapter 07

# 내 자아가 그리스도와 충돌하여 참패당할 때
## 예배가 회복된다

우리 안에는 새 생명이 태어나야 하는데, 그리스도와 충돌이 있어야 비로소 이 새 생명이 태어날 수 있다. 이것은 진정한 충돌이다. 죄인인 우리의 의지는 십자가에서 무너져야 한다. 이것이 하나님과의 진정한 만남이다.

### 자발적 증거

그리스도를 제대로 증거한다는 것이 어떤 것인지를 살펴보자. 이를 위해 나는 예수님이 야곱의 우물가에서 사마리아 여인과 대화를 나누신 사건(요한복음 4장 참조)을 가지고 이야기를 풀어나가겠다.

오늘날 우리가 그리스도를 증거한다고 하지만 효과가 없는 증거가 아주 많다. 물론, 많은 경우 우리는 선한 동기를 가지고 정직하고 성실하게 증거한다. 우리는 우리에게 있는 것들을 가지고 최선을 다한다. 그러나 우리의 노력의 결과를 볼 때, 우리가 마치 만년필을 팔러 다니는 외판원과 같다는 생각을 지울 수 없다. 만년필 외판원은 만년필이 좋다고 열변을 토하지만, 그의 말을 듣는 상대방은 외판원조차 만년필보다는 볼펜이 훨씬 더 실용적이라고 생각한다는 것을 잘 안다.

우리의 증거의 많은 부분이 다른 사람들에게 확신을 주지 못하는데, 그것은 우리 자신에게 확신이 없기 때문이다. 우리의 증거가 효과가 없는 것은 우리 자신이 영광의 주께 아직 항복하지 않았기 때문이다. 이것은 마치 개종자들이 또 다른 개종자들을 만들어내려고 애쓰는 것과 같다.

이런 이야기를 하기는 싫지만, 대부분의 그리스도인들은 매우 슬픈 사람처럼 보인다. 그들은 마땅히 행복해야 함에도 불구하고 그렇지 못하다. 그래서 그들의 증거는 갈팡질팡하고 효과가 없다. 그들의 눈에서는 총기가 사라졌고, 그들의 안색에는 그림자가 드리워져 있다. 그들의 증거는 불꽃을 튀기지도 못하고 널리 퍼져나가지도 못한다.

내가 볼 때, 이것은 우리가 모든 일을 자신의 계획에 따라 처리하려고 애쓰기 때문이다. 우리 모두는 복음 증거의 기술을 가르치는 소책자를 읽는다. 그리고 그 책에서 가르치는 대로 해보려고 애쓴다. 그러나 그런 기술은 기계적인 것이며, 복음 전파에 효과가 없다. 만일 천사들이 눈물을 흘릴 수 있다면, 그들은 주님을 만난 적이 없는 개종자가 다른 사람들을 자기와 똑같은 개종자로 만들려고 애쓰는 모습을 볼 때 눈물을 하염없이 흘릴 것이다.

사마리아 여자는 우물가에서 예수님을 만났다. 복음서는 그녀의 영혼 안에서 변화가 일어나서 그녀가 자발적으로 주님을 증거했다고 기록하는데, 여기서 우리는 풍부한 영적 교훈을 얻을 수 있다.

이 여자에 대한 성경의 기록에서 우리 주님이 예배를 화제(話題)로 삼아 그녀를 재빨리 대화로 이끌어 들이신 것을 볼 수 있는데, 이것은 매우 흥미로운 사실이다. 예수님만큼 재빨리 이 여자도 메시아가 오시면 모든 것을 자기에게 말해주실 것이라는 자신의 믿음을 털어놓았다.

### 왜 사마리아 여자에게 참된 예배의 비밀을 알려주셨는가?

예수님은 사마리아 여자에게 "네게 말하는 내가 그로라"(요 4:26)라고 말씀하셨다. 그녀는 물동이를 머리에 이고 사마리아 성에서 우물로 왔다. 그리고 처음 보는 낯선 사람과 대화를 나누었다. 그는 마실 물을 좀 달라고 하는 유대인이었다. 그와 얼마간 대화를 나눈 후 그녀는 물동이를 그대로 둔 채 성으로 들어가서 사람들에게 "나의 행한 모든 일을 내게 말한 사람을 와 보라 이는 그리스도가 아니냐"(요 4:29)라고 전했다.

이제 당신에게 궁금한 점이 생기지 않았는가? 왜 우리 주님은 자신이 메시아라는 거룩하고 은밀한 사실을 사마리아 여인에게 알려주셨을까? 예수님의 지상 사역의 다른 만남들에서보다 이 여자와의 만남에서 자신에 대해 그토록 더 많이 계시해 주신 이유가 무엇인가? 예수님은 자신의 존재와 삶과 사역의 의미를 한 여인에게 말씀해주셨다. 그것도 썩 모범적인 삶을 살지 않은 여인에게 말이다.

이유가 무엇일까? 예루살렘 도처에는 제사장들이 많았다. 그들은 정식 자격을 갖춘 자들로서 그들의 기원은 멀리 아론에게까지 거슬러 올라간다. 또한 서기관들도 많았다. 그들은 성경을 필사(筆寫)하고 성경의 의미를 가르치도록 임명받은 자들이다. 또한 모세의 법을 잘 알고 있는 율법사들이 있었다. 이스라엘이 매우 종교적인 나라였으므로, 경건한 종교인들도 많았다.

그러므로 만일 당신이나 내가 예수님의 입장이었다면 떳떳하지 못한 삶을 살았던 이 여인을 택하여 그녀에게 거룩한 비밀을 말해주지는 않았을 것이다. 그런데 놀랍게도 바로 그녀에게 거룩한 계시가 주어졌다. 이 계시는 그때까지 주어진 어떤 계시보다 더 큰 계시였으며, 그리스도의 부활 후에 주어질 어떤 계시보다도 큰 계시였다.

솔직히 말해서 나는 주님이 우물가의 이 여인을 택하여 큰 계시를 주신 이유를 다 알지는 못한다. 하지만 그녀를 택하신 것에는 인간의 자기의(自己義)를 꾸짖는 의미가 담겨 있다고 나는 생각한다. 말쑥한 차림새를 하고 자신의 지위를 과시하면서 오만한 표정으로 길거리를 걷는 여자들은 사실 부끄러움을 느껴야 한다. 매일 아침 거울을 들여다보며 면도하면서 자신이 정직하다고 믿는 자기의에 빠진 남자들은 부끄러움을 느껴야 한다.

성직(聖職)을 수행하는 제사장, 사람들을 가르치는 랍비, 성경을 필사하는 서기관, 자신의 일에 충실한 율법사 등 이런 사람들은 주께 선택받지 못했다. 오히려 떳떳하지 못한 삶을 살았던 여자가 선택을 받아 거룩한 비밀을 알게 되었다! 그것은 예수님이 메시아라는 비밀이요, 하나님의 본질에 대한 비밀이요, 참된 예배에 대한 비밀이었다.

### 거듭난 자의 특징

예수님은 우물가의 여인에게서 우리는 보지 못한 가능성을 보셨다. 예수님이 우리를 과거에 묶어두지 않으신다는 것은 정말로 자비로운 일이다! 주님은 언제나 미래의 우리를 보신다. 당신과 나는 시간과 공간과 기록과 평판과 인정(認定)에 얽매여 있다. 요컨대 과거의 노예가 되어 있다. 그러나 예수님은 개인의 도덕적 과거 기록에 관심이 전혀 없으시다. 그분은 과거를

다 용서하시고 새롭게 시작하신다. 마치 우리가 1분 전에 태어난 사람인 것처럼 말이다!

예수님과 대화를 나눈 우물가의 여인은 사마리아의 남자들을 가까이하는 삶을 살아온 사람이었다. 십중팔구 그녀는 사마리아의 여자들보다는 남자들과 훨씬 더 가까웠을 것이다. 그러나 우리 주님은 그녀로 하여금 부끄러움을 느끼도록 만들지 않으셨고, 그녀를 비난하지도 않으셨다.

그리스도인들은 비난을 잘 하는 사람들로 정평이 나 있다. 참으로 이상한 것은 이것이다. 그리스도인들은 주께서 팔을 벌려 받아들인 사람들을 종종 비난하고, 반대로 주께서 비난하는 사람들을 받아들인다. 그래서 세상의 파렴치한 자들이 종종 교회 안으로 들어오는 것이다.

이것은 개종자들이 더 많은 개종자들을 양산하는 위험한 결과를 초래할 수도 있다는 것을 나타낸다. 개종자들이 외적 종교적 체험을 할 경우, 때로는 이런 경험 때문에 거듭남의 필요성을 느끼지 못할 수도 있다. 그들은 자기들이 이미 거듭났다고 믿기 때문에 진짜로 거듭날 수 있는 기회를 가지지 못한다. 개종자들은 자기들이 믿음 안으로 들어오지 못했기 때문에 다른 개종자들에게 믿음 안으로 들어오라고 요구하지 않는다. 그리하여 거듭나지 않은 개종자들만으로 구성된 교회들이 생길 수 있다. 이런 교회에서는 메아리가 메아리를 낳고, 빛의 반사가 빛의 반사를 낳을 뿐이다. 진정한 빛은 거기에 없다.

예수님이 우물가의 여인에게 큰 계시를 허락하신 몇 가지 이유들에 대해 깊이 생각해보자. 그녀에게 유리하게 작용한 것들이 몇 가지 있다. 그것들 중 하나는 그녀가 자기의 부족함을 인식했다는 것이다. 서로 다르기 때문에 서로 간에 공통점을 찾을 수 없는 일들이 이 세상에 많다. 하지만 적어도 이것에서는 공통점이 발견되는데, 그것은 하나님께 거듭남의 은혜를 받은 사람들은 모두 자기의 부족함을 인식했다는 것이다. 그들은 자신의 부족함을 절감했다.

사마리아 여인도 자기의 부족함을 깨달았다. 그녀는 예수께 반박하지 않았는데, 그것은 자기에게 큰 부족함이 있었기 때문이다. 그녀는 아주 솔직했다. 틀림없이 그녀는 사마리아 사람들의 입에 자주 오르내리는 종교적 논쟁에 대해 많이 들었을 것이다. 하지만 그녀는 논쟁의 중심에서 벗어나 어느 정도 방관자의 입장에 섰을 것이다. 주님의 인자한 눈빛이 그녀의 양심을 꿰뚫어 보셨을 때, 그녀는 주님의 눈길을 피하려고 최대한 노력했다. 그러나 그런 노력이 소용없다는 것을 알았을 때, 그녀는 백기(白旗)를 들고 자기의 삶과 문제에 대해 솔직해지기 시작했다.

### 진정한 만남

사람들의 한계와 성령에 의한 참된 하나님 경배에 대해 대화를 나눌 때, 주 예수님은 사마리아 여자의 솔직함과 겸손과 열정에 감동하셨다. 예수님은 그녀의 부족함의 자각(自覺)과 열정과 솔직함에 마음이 끌리셨다. 그래서 주님은 자신을 계시하고 자신의 존재를 드러내셨다. 다른 사람들에게 허락하지 않으신 비밀을 그녀에게는 알려주셨다. 사실 이 비밀은 그 후에도 극히 소수의 사람들에게만 알려주셨다.

사마리아 여인이 메시아와 메시아의 오심에 대해 말하고 그 말에 주님이 "네게 말하는 내가 그로라"(요 4:26)라고 말씀하셨을 때, 그녀의 마음에 계시가 임했다. 하나님의 빛이 그녀의 어둠 속으로 흘러들어가 빛을 발하기 시작했다! 내적 변화가 일어났을 때 그녀는 물동이를 버려두고 동네로 달려가 사람들에게 자신이 만난 주님을 증거하지 않을 수 없었다.

예수님은 그녀를 받아들이셨기 때문에 그 상황을 받아들이셨다. 만일 이런 여자가 오늘 우리 교회에 찾아온다면 교회 관계자들은 그녀를 받아들이지 않을 것이다. 만일 이런 여자가 여성구호단체를 찾아간다면 그곳에서 일하는 사람들이 눈살을 찌푸리고 혀를 차며 그녀를 경멸할 것이다. 그러나 우리 주님은 그 상황을 받아들이셨다. 왜냐하면 주님은 언제나 과거가 존재하지 않는다는 듯이 새롭게 시작하시는 분이기 때문이다. 주님은 모든 것을 새롭게 하신다.

우물가의 여인은 또한 열정과 진실한 모습을 보였는데, 여기서도 우리는 배울 것이 있다. 물론 나는 이 여자가 앞으로도 영적 체험과 성장의 길을 계속 가야 한다는 것을 부인하지 않는다. 하지만 예수님이 보여주신 바에 따르면, 하나님께서는 그녀의 꾸밈없는 간증과 성실하고 솔직한 증거를 사용하기를 기뻐하셨다. 비록 그것들이 한계가 있는 불완전한 것이었다 할지라도 말이다.

사마리아 여자에게 한 가지 복된 사실이 있었는데, 그것은 그녀가 메시아라고 불리는 분과 진정한 만남을 가졌다는 것이다. 그녀의 마음은 그리스도 안에서 나타난 하나님의 존재와 의지(意志)의 계시와 충돌했지만, 결국 그녀의 삶과 의지에서 감정적 지진이 일어났다.

이제 나는 감정을 두려워하는 기독교 선생들을 어떻게 보아야 할지 매우 고민스럽다. 어떤 사람들이 신경과민에 빠지거나 자제심을 잃거나 아무것도 아닌 일 때문에 울거나 웃거나 우울해지거나 우쭐해지는 것을 보면, 우리는 흔히 "저 사람은 매우 감정적이다"라고 말하곤 한다. 그러나 정확히 말해서 이런 사람들은 감정적인 것이 아니고 심약(心弱)한 것이다. 그러므로 나는 이런 사람들에 대해 '감정적'이라는 단어를 사용하는 것을 반대한다. 그런 것은 감정이 아니다. 단지 그 사람의 정신 상태를 반영할 뿐이다. 이런 사람들에게 필요한 것은 기도와 휴식이다.

### 프로그램화 된 예배

'감정'이라는 말은 사람이 어떤 현상이나 일에 대하여 마음속으로 느끼는 기분을 가리킨다. 나는 이 단어를 이런 식으로 사용하는 것을 두려워하거나 부끄러워하지 않는다. 사실 나는 조나단 에드워즈(Jonathan Edwards, 1703~1758, 미국의 위대한 신학자, 철학자 및 복음전도자)가 종종 사용했던 표현을 더 좋아한다. 그는 우리의 '종교적 정서'에 대해 언급했다. 오늘날 누군가 나서서 이 표현을 되살려 유행시키면 좋겠다! 만일 조나단 에드워즈가 지금 살아 있다면, 그는 오늘날 마음이 뻣뻣하고 딱딱하게 얼어붙은 일부 그리스도인들에게 종교적 정서와 현대의 영적 감정이 동일한 것임을 증명해보일 수 있을 것이다. 성경본문과 신학에만 의존하고 감정을 두려워하는 사람들이 우리 가운데 너무 많다.

사마리아 여인의 마음은 그리스도 안에서 나타난 하나님의 존재와 의지의 계시와 충돌했지만, 그 충돌을 극복했다. 그녀의 마음은 예수님의 마음과 역동적으로 접촉했고, 그것은 그녀가 그 후 결코 잊지 못할 영적 체험을 낳았다. 하나님의 손이 이 사마리아 여인의 마음을 만져주셨기 때문에 그녀는 물동이를 버려두고 그 자리를 떠났다. 그녀 자신이 그 이유를 몰랐겠지만, 그녀는 메시아를 통해 자기에게 찾아온 복된 소식을 전하지 않고는 견딜 수 없었다. 사마리아 여인은 자기에게 일어난 일이 지극히 놀라운 일이라는 사실을 의식하지 못했을 것이다. 물론 주님은 다 알고 계셨지만 말이다. 예수님과의 만남을 통해 그녀는 계시를 받았던 것이다!

사마리아 여인의 이야기와 그녀의 행동의 진실성과 관련해 이것을 분명히 짚고 넘어가자. 그것은 누군가를 모방한 것도 아니고, 정해진 형식에 따른 것도 아니며, 무엇보다도 '프로그램화 된'(programmed) 것도 아니었다. 나는 프랑스어에서 유래한 이 '프로그램화 된'이라는 말이 정말 싫다. 안타깝게도, 현재 우리는 설교를 최소화하고 오락을 최대화하기 위해 '프로그램화 된' 예배를 광고해야 교회가 돌아가는 지경에 이르렀다. 그러나 나는 분명히 말한다. 만일 이 사마리아 여인에게 일어난 일이 프로그램을 통해 일어난 것이었다면, 사마리아에 부흥은 결코 일어나지 않았을 것이라고 말이다.

이 여자는 프로그램화 되지 않았다. 그런 일은 일어날 수 없었다. 그리스도를 증거하고 싶은 충동이 그녀 속에서 자꾸 일어났을 뿐이다. 그녀는 어떤 형식적 절차 때문에 움직인 것이 아니었다. 그녀는 최대한 빨리 동네로 달려갔다. 그녀가 간증할 것을 계획한 사람은 아무도 없었다. 이것은 하나님께 감사할 일이다.

때때로 어떤 사람들은 내게 "이러이러한 단체를 만나서 부흥을 위한 계획을 세우면 좋을 것입니다"라고 말하곤 한다. 그러나 부흥을 위한 계획을 세운다는 것은 번개가 치도록 계획을 세우는 것과 다를 바 없다. 계획을 세우거나 프로그램을 만들어서 부흥을 일으킨 사람은 이제까지 없다. 앞으로도 없을 것이다.

전능하신 주 하나님께서 세상을 만드실 때, 거기에는 인간의 계획이 없었다. 하나님이 죽은 자들을 살리시는 것에 대해 어느 누구도 계획을 세우지 못할 것이다. 분명히 말하겠다. 하나님이 죽은 자들을 다시 살리실 때 하나님께서는 프로그램의 순서에 따라 그렇게 하시지 않는다. 이것은 당신도 잘 알 것이다!

### 프로그램에는 감동이 없다

현재 많은 교회들은 프로그램을 만들어서 교인들을 영적 무기력과 무감동(無感動)으로 몰아넣는다. 다른 사람들에게 전하지 않고는 견딜 수 없는 충동에 따라 동네로 달려간 사마리아 여인을 생각해보라. 만일 동네로 달려가는 그녀를 누군가 붙잡고 "자매님, 당신의 얼굴에 새 빛이 감도는 것을 보니 매우 기쁩니다. 자매님을 초대하여 우리 프로그램의 세 번째 순서에 자매님의 간증을 넣고 싶습니다"라고 말했다면, 그녀는 서기관들이나 사마리아 사람들처럼 영적 무기력에 빠지고 말았을 것이다. 그러나 그녀는 자기 마음에 임한 새 계시를 다른 사람들과 나누고 싶은 열정 때문에 심장이 쿵쿵 뛰는 중에 동네로 달려갔다. 그녀는 자기가 알고 있는 사람들에게 가서 "내가 주님을 만났습니다. 내가 아는 것이나 행한 것을 모두 알고 있는 분을 만났습니다"라고 말하기를 원했다.

동네 사람들에게 말할 때 그녀는 "나의 행한 모든 일을 내게 말한"(요 4:29)이라는 표현을 사용했다. 실제로 예수께서 그녀가 그때까지 살면서 행한 모든 일을 다 말씀하신 것은 아니므로 이 표현은 다소 과장된 것이다. 하지만 당신도 알다시피, 마음속에 가득 찬 것을 말하지 않고는 못 배길 때 종종 우리의 입은 우리의 마음보다 작아지기 때문에 과장이 일어난다. 지금 이것은 유식한 말로 '과장법'이라고 불린다.

아무튼 분명한 것은 그녀가 그리스도를 증거했다는 것이다. 그녀가 회심자를 만들 필요는 없었다. 사람들이 그녀의 말을 듣고 복음을 믿었을 뿐이다.

그녀가 숨을 헐떡이면서 동네로 달려가 급히 증거한 행동이 큰 열매를 맺은 것이 놀라운가? 사마리아 사람들은 그녀의 말을 듣고 그녀가 증거하는 분을 보기 위해 집을 나섰다. 그들이 이렇게 할 때 거기에는 어느 정도의 호기심과 종교적 구도심(求道心)도 작용했겠지만, 그것들이 전부는 아니었다. 이 여자의 말을 듣고 감동한 이 사마리아 사람들은 직접 나가서 예수님을 뵙고 그분을 성 안으로 모셔 들였다. 그들이 주님을 보고 주님의 말씀을 들었던 것이다. 그들은 확신을 갖게 되었고, "이제 우리가 믿는 것은 네 말을 인함이 아니니 이는 우리가 친히 듣고 그가 참으로 세상의 구주신 줄 앎이니라"(요 4:42)라고 고백했다.

어둠 가운데 시작된 것이 이제 빛 가운데로 들어오게 된 것이다. 방금 전에 거듭난 한 여자의 증거 때문에 사마리아 전부가 하나님께로 돌아왔다. 그들은 다른 사람의 증거에 의존해서는 안 된다는 것을 깨달았다. 다른 사람이 음식을 먹는다고 해서 내가 살찌는 것이 아니듯이, 다른 사람의 종교적 체험에 근거해서 내가 천국에 갈 수 있는 것은 아니다. 증거 자체가 사람들을 회심시키는 것은 아니다. 이 사마리아 여자의 증거는 사람들을 그리스도께 인도하는 데 사용되었을 뿐이다. 그들이 구세주(救世主)를 믿게 되었을 때 한 말 속에는 "이제 우리가 스스로 안다. 당신의 증거는 더 이상 필요하지 않다"라는 뜻이 담겨 있다.

### 증거 자체는 누구도 구원하지 못한다

이것이 기독교 증거의 영광이다. 예수님을 가리키는 그리스도인의 증거가 사람들에게 감동을 불어넣고 그들로 하여금 그분을 향해 나아가도록 도움을 주는 것은 사실이다. 그러나 그것이 다른 사람들을 위한 영적 체험이 될 수는 없다. 증거 자체는 누구도 구원하지 못한다. 증거는 주님이 우리를 위해 이루신 일을 정직하게 고백하는 것이다. 이것은 다른 사람들에게 자극을 주어 그들로 하여금 가서 똑같이 행하여 예수님과 예수님의 구원을 발견하도록 도울 뿐이다.

나는 프로그램에 의해 기획된 간증예배에서 영적 유익을 얻은 적이 단 한 번도 없다. 우리 교회에도 많은 찬양단이 다녀갔다. 찬양 도중에 어떤 사람은 "이제 간증을 시작하겠습니다"라고 말한다. 사실 교인들은 예배 시작 전에 그날 누가 무엇에 대해 간증할 것인지를 들어서 알고 있다. 누군가 나와서 간증할 때 나는 식초에 절인 오이처럼 차가운 마음으로 앉아 있을 뿐이다. 이런 식의 간증은 내 마음을 조금도 움직이지 못한다.

그러나 내가 감동하는 간증도 있다. 언젠가 주일 밤 11시 30분에 내 전화벨이 울렸다. 수화기 저편에서 들리는 목소리는 흥분으로 가득했다.

"토저 목사님, 내일 아침까지 도저히 기다릴 수 없어서 이렇게 전화 드렸습니다. 제가 오늘 밤 거듭났습니다! 목사님도 아시겠지만, 저는 그리스도인인 아내와 함께 목사님의 교회를 다녔습니다. 아내는 저를 위해 기도해왔습니다. 과거에 저는 제가 회심했다고 생각했지만, 사실 오늘 밤에 비로소 회심했습니다. 예배 후에 저는 예수님을 만나는 영적 체험을 했습니다. 이제 저는 제가 거듭났다는 것을 압니다."

이 남자는 얌전한 성격의 사람이었다. 나는 그가 그토록 흥분하리라고는 상상하지 못했다. 그는 마치 유창한 설교자처럼 쉴 새 없이 말했다. 그에게 확실한 간증이 생겼기 때문이다. 그는 하나님을 만난 것이다. 그는 주님이 자신을 위해 이루신 일을 고백한 것이다. 그는 과거에 있었던 자기의 모든 종교적 경험은 단지 예비적 단계에 불과했다고 기꺼이 인정한 것이다. 이제 그는 안다. 그리고 자신의 아내에게 "메리, 이제 나는 스스로 압니다"라고 말할 수 있게 된 것이다.

그러나 만일 우리가 어떤 사람의 영적 표현을 기획하고 그의 행복을 프로그램으로써 조종하려고 한다면, 간증은 아무 감동

없이 시작될 것이고, 끝날 때는 시작할 때보다 상태가 더 나빠져 있을 것이다.

### 영혼의 창

그렇다면 이제까지 이야기한 것들에 대해 몇 가지 결론을 내리고, 그것을 우리 자신에게 적용해보자.

첫째, 그리스도는 죄인들을 받아주신다. 아무리 큰 죄인이라도 받아주신다. 죄인을 향한 사람들의 평판이 어떻든 간에 죄인이 용서를 구할 때 주님은 받아주신다.

예수님 당시, 방관자들은 주님을 가리켜 "이 사람들이 죄인들을 받아준다"라고 비웃으며 말했다. 주님이 죄인들을 받아주신다는 그들의 말은 옳았다. 예수님이 태어나시고 죽으시고 또 부활하신 것은 주님이 죄인들을 받아주신다는 것을 증명하기 위함이었다. 예수님이 태어나시고 죽으시고 또 부활하신 것은 믿음으로 예수께 나아오는 자를 의롭다 하실 수 있는 권리가 주께 있다는 것을 증명하기 위함이었다.

과거에 독일의 경건한 철학자들 가운데 한 사람은 "하나님께서는 작은 죄보다 큰 죄를 용서하기를 더 좋아하신다. 왜냐하면 작은 죄를 용서하는 것보다 큰 죄를 용서하는 것이 하나님께 더 큰 영광을 돌리기 때문이다"라고 말했다. 또한 그는 "하나님께서는 큰 죄를 용서하는 것을 좋아하신다. 하지만 한 걸음 더 나아가 하나님은 큰 죄를 용서하시자마자 그것을 기억하지 않으시고 그 죄인이 다시는 죄를 짓지 않을 것처럼 그 사람을 믿으신다"라고 말했다. 하나님께서 작은 죄만큼이나 큰 죄도 기꺼이 용서하실 뿐만 아니라 일단 그것을 용서하시면 그것을 다시는 문제 삼지 않고 새롭게 출발하신다는 것이 그의 견해인데, 이 견해에 나는 동의한다.

우리는 사람이 사람을 용서하는 것은 하나님의 용서와 언제나 똑같은 것은 아니라는 사실을 알아야 한다. 어떤 사람이 다른 사람에게 잘못을 해서 용서를 받아야 할 경우, 잘못한 사람의 마음에 그늘이 질 수 있는데, 그것은 다른 사람이 그 사람의 잘못을 잊어버리는 것이 쉽지 않기 때문이다. 그러나 하나님께서 죄인을 용서하시면 하나님은 즉시 새롭게 출발하신다. 이것을 보고 마귀가 그분께 달려가 "이 사람의 과거는 어떻게 하실 것입니까?"라고 말씀드리면 그분은 "과거라니? 무슨 과거? 이 사람에게 과거는 없다. 그가 내게 와서 용서를 받았을 때 우리는 새롭게 시작했다"라고 대답하신다.

이런 죄 사함을 받아 하나님께 받아들여지느냐 아니냐 하는 것은 우리 영혼의 제일 윗부분을 하나님과 진리의 빛을 향해 활짝 열어놓을 용의가 있느냐 없느냐에 따라 좌우된다. 당신이

'우리 영혼의 제일 윗부분'이라는 내 표현에 대해 의아해할지 모르겠다. 하지만 이 표현은 성경의 교훈과 일치하며 또 기독교적 체험과 일치한다. 어떤 사람들의 삶에서는 그들 영혼의 제일 윗부분이 하나님을 향해 열려 있고, 또 어떤 사람들의 삶에서는 그렇지 못하다.

선택과 예정의 교리에 대한 어느 정도의 논쟁이 일어날 것을 각오하고, 나는 당신에게 구약에 나오는 두 인물에게 주목할 것을 권하고 싶다.

### 에서와 야곱의 차이점

야곱은 마음이 삐뚤어진 사람이었다. 그의 이름 자체가 "남을 밀어내고 그의 자리를 차지하는 자"라는 뜻이다. 야곱은 속여서 남의 것을 빼앗는 자였다. 그는 사람들에게 호감을 주는 사람이 못 되었다. 그가 나타나면 사람들은 지갑을 잘 지키는 것이 상책이었다. 하지만 어찌된 연유인지는 잘 모르겠지만, 그는 자신의 영혼의 제일 윗부분을 하나님을 향해 열어놓았다. 그의 영혼에는 하나님을 향해 열려 있는 창(窓)이 있었다.

사실 그의 형 에서는 야곱보다 장점이 훨씬 더 많은 사람이었다. 에서는 야곱보다 덜 완고하고 더 솔직하고 더 사교적이었다. 훗날 그들이 다시 만났을 때 에서는 야곱을 죽일 수도 있었지만 그렇게 하지 않고 오히려 야곱의 목을 끌어안고 울었다(창 33:4). 모든 면에서 에서는 야곱보다 천성적으로 더 훌륭했다. 그러나 에서에게는 하나님을 향해 열린 창이 없었다. 오히려 마음이 삐뚤어진 야곱이 하나님을 만나서 '이스라엘'("하나님과 겨루어 이긴 자"라는 뜻)이 되었다. 왜냐하면 그의 영혼의 제일 윗부분이 하나님을 향해 열려 있었기 때문이다.

사마리아 여자의 경우도 야곱의 경우와 똑같다. 그녀는 도덕적 삶을 산 여자가 아니었다. 그러나 그녀의 영혼에는 파고들 틈이 있었다. 즉, 하나님을 향해 열려 있는 창이 있었다. 바로 이 창을 통해 하나님의 빛이 그녀의 영혼 안으로 쏟아져 들어왔다!

또한 우리가 알아야 할 것이 있다. 우리 안에는 새 생명이 태어나야 하는데, 그리스도와 충돌이 있어야 비로소 이 새 생명이 태어날 수 있다. 이것은 진정한 충돌이다. 죄인인 우리의 의지(意志)는 십자가에서 무너져야 한다. 우리는 얼굴에 티끌을 묻힐 정도로 낮아져야 한다. 하나님과의 진정한 만남이 있어야 한다. 이런 만남은 언제나 기억될 만한 만남이어야 한다. 이것은 믿음으로 전진할 때 즐겁게 회상할 수 있는 만남이어야 한다. 이것은 중요한 순간에 우리의 영혼과 하나님의 마음이 격렬한 갈등 속에서 만나서 결국 하나님께서 승리하시고, 우리는

"주님의 뜻을 이루소서"라고 고백하며 굴복하는 그런 만남이어야 한다.

이런 영적인 만남, 즉 하나님과 영혼의 만남은 새로운 출생이요, 새벽의 밝음이요, 분명한 계시이다.

한 다리 건너서 간접적으로 종교를 갖는 죄를 범하지 말자. 프로그램에 조종당하여 종교인이 되는 죄를 범하지 말자. 우리는 사람들이 우리에게 하는 말을 받아들이도록 훈련받았다. 그 결과, 우리는 우리 스스로 하나님을 알기 위해 힘차게 노력하지 않는다. 만일 우리가 어떤 사람을 그의 은신처에서 겨우 불러내어 붉은 줄과 파란 줄이 잔뜩 그어진 성경을 가지고 그를 설득하여 하나님나라로 밀어 넣었다 할지라도 사실 그는 하나님나라로 들어간 것이 아니다. 그 사람의 마음에 하나님의 계시가 주어져야 한다. 그리스도와의 만남이 있어야 한다. 그의 영혼이 주 예수 그리스도께 빠져들어야 한다.

우리가 종교적 기준을 더 높이거나 진정한 회개를 촉구한다고 해서 그것이 급진적 종교가 되는가? 거듭남은 우리에게 상식적이고 일상적인 것이 되어야 한다. 우리에게 주님은 우리 삶에 능력이 임해야 한다고 말씀하셨다. 하나님의 아들 예수 그리스도를 믿을 때 우리는 하나님의 계시, 하나님의 임재를 체험해야 한다. 이것은 급진적인 것이 아니다. 정상적인 것이다. 비정상적인 것은 영적 무기력과 능력의 결여와 불확실성이다.

어떤 사람들은 "나는 하나님을 만났고 하나님을 압니다. 나는 하나님과 충돌한 적이 있습니다. 하나님이 이기셨고 나는 졌습니다. 그렇지만 사실 나도 이겼습니다. 왜냐하면 구원을 얻었기 때문입니다. 내 옛 의지는 굴복했습니다. 내 옛 담대함과 자기 열심도 굴복했습니다. 예수님이 내게 오시어 주인이 되셨습니다. 이제 내 안에 사는 것은 내가 아니고 예수님이십니다"라고 말한다. 이런 사람들 때문에 나는 하나님께 무한히 감사드린다.

만일 당신이 이런 사람들 같은 체험이 없다면 하나님께 나아가라. 당신의 문제를 의식하는 가운데 겸손하고 솔직하고 간절한 마음으로 하나님께 나아가라. 아무 변명도 하지 말고 당신 모습을 있는 그대로 주께 보여드려라. 그러면 주 예수님이 당신을 받아주시고 용서하실 것이다. 그러면 당신도 "여러 해 동안 복음에 대해 들어왔지만, 이제는 제가 예수님이 그리스도시요, 살아 계신 하나님의 아들이시요, 세상의 구주이심을 믿습니다"라고 고백하게 될 것이다.

# 네 믿음의 창시자요 완성자이신 예수를 바라보라

**FAITH *beyond* REASON** 구약에서 하나님을 바라본다는 것은 하나님 앞에 나와서 정신적으로나 육체적으로 아무것도 하지 않고 하나님을 기대하고 기다리는 것을 의미했다. 우리는 해결책을 찾으려고 발버둥 치는 것을 그만두고 자신을 하나님께 온전히 맡겨야 한다. 그리스도인은 홀로 하나님께 나아가 침묵과 고요함 가운데 기다리며 성령충만을 받아야 한다. 이런 과정을 통해 하나님께서 우리를 준비시키실 때에야 비로소 우리는 믿음의 열매를 맺을 수 있다.

P·A·R·T

03

chapter 08

# 광야와 같이 거친 마음을
# 하나님의 동산처럼 아름답게 가꾸라

당신의 마음이 정원보다는 광야에 더 가깝고, 하나님의 동산보다는 요단강 너머의 넓은 땅을 더 닮았을지도 모른다. 광야에서는 식물이 자라고 열매 맺는 것이 아주 힘들다. 거듭났지만 믿음의 열매를 맺지 못하는 사람은 정말 불행한 사람이다.

### 너는 누구냐?

하나님께서 보내신 요한이라는 사람의 말은 마땅히 사람들에게 주목을 받아야 한다. 그가 자신에 대해 또 예수 그리스도에 대해 한 말은 생사를 가르는 중요한 말이다. 우리가 하나님의 예언을 담고 있는 성경을 공부하는 사람이라고 자부한다면, 우리는 세례 요한이 그가 누구인지를 확인하기 위해 찾아온 자들에게 어떻게 대답했는지에 주목해야 한다.

"요한이 드러내어 말하고 숨기지 아니하니 드러내어 하는 말이 나는 그리스도가 아니라 한대 또 묻되 그러면 무엇, 네가 엘리야냐 가로되 나는 아니라 또 묻되 네가 그 선지자냐 대답하되 아니라 또 말하되 누구냐 우리를 보낸 이들에게 대답하게 하라 너는 네게 대하여 무엇이라 하느냐 가로되 나는 선지자 이사야의 말과 같이 주의 길을 곧게 하라고 광야에서 외치는 자의 소리로라 하니라"(요 1:20-23).

구약의 예언에 정통할 것으로 추정되는 '예루살렘의 유대인들'은 세례 요한이 누구인지 판단할 자료를 갖고 있지 못했다. 사실 구약성경은 그의 출현을 예언했다. 문제는 유대인들이 그에 대한 자료를 잘못 분류했기 때문에 그를 알아보지 못한 것이다.

나는 내가 말하고자 하는 이야기의 큰 줄기에서 벗어나기를 원하지 않지만, 그럴지라도 잠시 걸음을 멈추고 성경의 예언에 대한 우리의 연구에 대해 몇 가지 질문을 던지고 싶다. 우리가 잘못 분류한 자료는 얼마나 되는가? 하나님의 계획에 대해 우리가 얼마나 오해하고 있는가? 우리가 기도하지 않았기 때문에 무산된 하나님의 계획이 얼마나 많은가?

다시 이야기의 큰 줄기로 돌아가자. 예루살렘의 유대인들의 질문에 대한 요한의 대답은 그들이 기대했던 것과 완전히 달랐다. 그들은 자기들이 찾고 있는 세 선지자의 초상을 그린 도표를 작성한 후 "이제 이 문제에 관한 한 우리는 하나님의 최종적인 뜻을 확인했다"라고 읊조리듯 엄숙히 말했을지도 모른다.

그러나 세례 요한은 자기에게 찾아온 자들에게 단도직입적으로 말했다. 그의 말 속에는 이런 의미가 내포되어 있었다.

"나는 너희가 연구하는 구약에서 분명히 예언된 사람이다. 이사야가 나에 대해 예언했지만, 너희가 깨닫지 못한 것이다. 물론 나는 너희의 계획에 딱 들어맞는 그런 사람이 아니다. 왜냐하면 너희는 너희의 고집대로 하기를 원하기 때문이다. 너희는 엘리야처럼 불같이 극적인 선지자를 원하고 이스라엘의 왕이신 그리스도를 고대한다. 다시 말해서 철저히 너희의 조건에 맞는 선지자와 그리스도를 원한다. 너희는 너희를 도덕적으로 크게 꾸짖을 사람을 위한 자리를 결코 마련하지 않는다. 너희는 하나님께서 하나님의 뜻을 너희의 종교적 형식과 전통에 맞추어주시기를 원할 뿐이다."

### 새로운 소리

세례 요한이 나타나 광야에서 말씀을 선포할 때 많은 사람들이 따랐다. 그 전까지 400년 동안 이스라엘에는 선지자가 없었다. 하나님의 음성도, 성령의 감동도 없었다. 있는 것이라곤 다른 사람들이 보고 들은 것을 말하는 랍비들뿐이었다. 이런 랍비들에게는 유대교 신학이 있었다. 그들이 다른 사람들이 하나님으로부터 들은 것을 성실하게 선포한 것은 사실이지만, 그들 자신은 하나님을 보지 못했고 하나님의 말씀을 듣지 못했다.

이런 랍비들은 요한이 나타나자 혼란스러웠다. 유대교의 정통 신학을 배우고 전한 그들은 자기들의 교리에 들어맞지 않는 한 사람의 출현으로 인해 혼란에 빠졌다. 그들은 요한이 자기들이 기대하고 있는 사람들 중 하나인지 아닌지를 알기 원했기 때문에 사람들을 그에게 보냈다. 그러나 그들의 시도는 결국 그들의 종말론 교리가 무익하다는 것을 드러내고 말았다.

이것은 아주 씁쓸한 사건이다. 그런데 이런 씁쓸한 사건에서 코미디 같은 요소까지 발견되는데, 구약의 예언을 독점하고 있던 랍비들의 예상자 명단이 졸지에 그 바닥을 드러냈기 때문이다. 무슨 이야기인가 하면, 그들은 장차 이스라엘 민족을 찾아올 것이라고 구약에 예언된 인물들의 명단을 만들어놓고 있었는데, 그들의 명단 대조 작업이 너무 순식간에 끝나버렸기 때문에 실소(失笑)를 자아낸다는 말이다. 그들은 요한에게 "네가 그리스도냐?"라고 물었지만 그는 "아니다!"라고 딱 잘라 부인했다. "그렇다면 네가 엘리야냐?"라고 그들이 물었을 때 요한은 또 부인했고, 세 번째로 그들이 "네가 그 선지자냐?"라고 물었을 때도 역시 부인했다. 이렇게 그들의 명단 대조 작업이 너무 싱겁게 끝나버린 것은 한 편의 코미디 같다.

광야에서 홀로 살던 세례 요한이라는 사람이 갑자기 대중의 비상한 관심의 대상이 되었지만, 그는 자기가 그리스도나 엘리야 또는 그 선지자가 아니라고 고백했다. 그래서 랍비들은 요한에게 그가 그들과는 맞지 않는다고, 즉 그들의 종말론 교리로는 해석할 수 없는 별종이라고 말했다. 요한은 그들의 전통에 도전했고, 현상 유지를 꿈꾸는 그들의 욕망에 도전했다.

사실상 요한은 그들에게 이렇게 말한 것이다.

"너희는 하나님께 의롭다 함을 얻기를 원한다. 너희는 하나님께서 너희와 너희의 좁은 견해를 인정하시기를 원한다. 그러나 너희는 너희를 방해하는 선지자의 출현을 원하지 않는다. 너희를 혼란스럽게 하는 목소리가 들리는 것을 원하지 않는다. 너희는 간섭 받기를 원하지 않는다. 하지만 나는 너희에게 의(義)에 대하여 증거하기 위해 왔다. 나는 '주의 길을 곧게 하라고 광야에서 외치는 자의 소리'(요 1:23)이다."

### 광야는 무엇을 의미하는가?

여기서 요한이 사용한 "광야"라는 말은 그가 대중 앞에 모습을 드러내기 전에 머물렀던 그 광야를 의미하지 않는다. 그가 그 전에 머물렀던 광야는 지도에 표시할 수 있는 일정한 지역이었다. 하지만 지금 요한의 입에서 튀어나온 이 "광야"라는 말은 비유적으로 사용된 말이다. 종종 성경은 어떤 단어를 문자적 의미로 사용한 다음에 그것을 비유적 의미로 사용하곤 한다.

예를 들어보자. 예수님은 우물가에서 사마리아 여인에게 마실 물을 달라고 말씀하셨다. 이렇게 시작된 예수님과 그 여인 사이의 대화는 '물'을 주제로 잠깐 이어졌다. 문자적 의미의 물에 대해 대화가 오고 가다가 주님은 그녀에게 "내가 네게 생수를 주리라"라고 말씀하셨다. 이렇게 하심으로써 주님은 그녀의 관심을 문자적 의미의 물에서 영적인 의미의 물로 바꾸어놓으셨다.

다시 광야에 대한 이야기로 돌아오자. 요한은 문자적 의미의 광야에서 성장했는데, 이제 "나는 … 광야에서 외치는 자의 소리로라"(요 1:23)라고 말한 것이다. 이것은 강력한 비유인데, 이것의 의미는 그가 생활한 광야에 한정되지 않는다. 이것은 이스라엘의 도덕적 상태와 관련된 말이다. 요한은 단지 식물이 자라고 동물이 어슬렁거리는 광야를 의미한 것이 아니라, 도덕과 종교와 관련하여 이 단어를 사용한 것이다. 그리하여 그는 이 말의 의미를 시간과 공간 안에 존재하는 광야의 차원에서 벗어나 도덕적이고 영적인 차원으로 올린 것이다. 그가 언급한 광야는 이스라엘의 도덕적 상태를 의미했다.

광야의 부정적 요소들을 생각해보자. 우선 광야는 무질서하다. 계획에 따라 만들어지고 관리되는 공원에 가면 질서가 있다는 느낌을 받지만, 광야에 가면 무질서하다는 인상을 받는다.

또 광야는 황무(荒蕪)하다. 광야의 어떤 부분은 바위투성이로 뒤덮여 있고, 어떤 데는 모래뿐이고, 또 어떤 데는 앙상한 가시나무나 잡초나 초라한 떨기나무밖에 없다.

광야에서 어떤 목적성(目的性)을 찾기란 쉽지 않다. 미국의 남서부 지역의 이곳저곳으로 차를 몰고 가면 광야가 얼마나 황폐한지 느낄 수 있다. 언젠가 뉴멕시코 주(州)에 갔을 때 나는 등이 굽고 갈비뼈가 튀어나온 늙은 암소가 도로변에 서 있는 것을 보았다. 나는 그 놈이 풀과 물이 없는 곳에서 어떻게 살아갈지 궁금했다. 피골이 상접할 정도로 그 놈의 말라버린 피부가 뼈들을 지탱하고 있었다. 참으로 불쌍해 보였다. 서부 광야 지역의 사람들은 "세상을 창조하신 후 폐기물이 엄청 나왔을 때 하나님께서는 그것을 미국의 서부에 가져다 버리라고 말씀하셨다"라고 농담한다. 이것은 광야에 목적이나 의미가 없다는 뜻으로 하는 말이다.

광야는 또 야생이다. 길들여지지 않은 곳이다. 광야에서는 누구도 법에 복종하지 않는 것처럼 보인다. 우리가 호루라기를 불어도 동물들이 모이지 않는다. 명령을 내려도 엎드리거나 눕는 동물이 없다. 광야의 생명체들이 야생이기 때문에 거기에는 혼란과 무질서와 황무함과 무의미한 것만이 존재할 뿐이다.

세례 요한은 광야라는 말을 사용할 때 이런 것을 생각했을 것이다. 요한은 광야가 어떤 것인지 잘 알았다. 요한은 "내가 본 이스라엘의 상태는 광야와 같다. 하나님께서 나를 보내신 것은 내가 본 이스라엘의 상태를 너희에게 알려주도록 하기 위함이다"라고 말했다.

### 오늘날의 상황도 똑같다

지금 우리 세대가 처한 상황을 보자. 경건한 남자들과 여자들이 꿰뚫어 보아야 할 잘못된 태도와 방법이 존재하는 것이 현실이다. 내가 이런 이야기를 하니까 어쩌면 당신은 내가 늙어가면서 머리가 이상하게 된 것이 아닌가 하고 생각할지도 모르겠다. 하지만 나는 내가 무슨 이야기를 하는지 분명히 안다. 나는 이 시대와 이 시대의 교회들의 문제점을 직시한다. 나는 다른 많은 사람들도 나처럼 문제점을 직시하고 분연히 일어나 행동하기를 바란다.

세례 요한은 당시 이스라엘 종교 지도자들이 전혀 깨닫지 못하는 것을 느끼고 보았다. 그는 정통 신학의 충실한 수호자들이 사실이 아니라고 믿었던 것을 보았다. 그들은 자신들 나름대로의 빛에 비추어 보았지만, 하나님께서는 그들을 하나님의 빛에 비추어 보셨다. 물론 요한은 하나님의 빛에서 그들을 보았다. 하나님과 요한은 옳았지만, 전통에 얽매여 있던 자들은 잘못되었다. 그래서 요한은 그 광야에서 하나님과 진리를 위해 목소리를 높였던 것이다.

만일 우리가 단지 1세기의 유대인들을 비판하는 것으로 끝난다면, 만일 우리의 의로운 영혼이 죽은 지 오래된 바리새인들과 서기관들과 레위인들 때문에 스트레스를 받는 것으로 끝난다면, 지금 이런 이야기를 계속하는 것은 시간 낭비일 것이다. 내가 이런 이야기를 계속하는 것은 오늘날도 광야와 같은 상태가 존재하기 때문이다. 현재의 상황은 세례 요한 시대의 이스라엘이 처했던 상황과 똑같다. 우선 문제의 핵심을 짚어서 말하면 이렇게 말할 수 있다. 비록 우리가 역사에서 가장 진보된 문명 속에 살고 있지만, 우리는 우리의 선생들에게 속았다. 비참할 정도로 잔인하게 속았다.

몇 년 전부터 우리의 선생들은 우리에게 세상이 좋아지고 있다고 가르쳤다(나는 사실 '세상이 좋아지고 있다'라는 진부한 표현을 쓰는 것을 주저한다). 그들은 "분명히 세상은 좋아지고 있다"라고 말했다. 그들은 그들 나름대로의 증거들을 들이대며 "우리는 광견병을 고칠 수 있고, 당뇨병 및 다른 병을 고칠 수 있다. 전에는 결코 할 수 없었던 일들을 이제는 많이 이룰 수 있다"라고 말했다.

그러나 그들의 주장에는 오류가 있다. 그들은 우리가 훌륭한 물건들을 발명할 수 있게 되었기 때문에 도덕적으로 선한 존재가 되었다고 추정했다. 우리가 온갖 종류의 멋진 새 물건들을 발명하고 개발한 것은 사실이다. 하늘 높이 피뢰침을 세워 번개를 잡아 끌어내려 상자 속에 집어넣거나 전선을 통해 멀리 보낼 수 있게 되었다. 인간의 목소리를 먼 곳까지 보내는 기술도 발명되었다. 처음에는 전화선을 통해서 보내더니 이제는 그것조차 없이 보내게 되었다. 어느 곳에나 사람의 목소리를 보낼 수 있는데, 심지어는 우주로도 보낼 수 있다.

두세 세대 전만 해도 장난감들이 소박하고 단순했다. 바퀴 두 개와 나뭇가지 하나를 준비해 이것들을 대못으로 연결하면 남자아이들의 장난감이 탄생했다. 여자아이들은 헌 양말 속에 솜을 넣고 그것에 얼굴을 그려 봉제 인형을 만들어 여동생에게 장난감으로 주곤 했다. 하지만 이런 장난감은 호랑이 담배 피울 적의 이야기가 되어버렸다. 현재 우리 주변에는 전자 기술 같은 눈부신 기술을 통해 만들어진 놀라운 물건들이 넘친다. 형광등이 촛불을 대신하고, 달구지는 사라지고 초음속 제트기가 날아다닌다. 과거에는 사람이 뛰거나 말을 이용하여 우편을 전달했지만, 지금은 발달된 통신 기술을 통해 순식간에 전 세계로 소식을 전할 수 있다. 이런 물질적 발전에 고무된 우리의 선생들은 우리의 지식이 훨씬 더 늘어났기 때문에 우리가 그만큼 더 훌륭해졌다고 결론을 내렸다.

그러나 자연의 힘을 통제할 수 있는 인간의 새로운 능력에 도취된 그들은 중요한 것을 망각했다. 그것은 과학적 및 지적 발전에 상응하는 도덕적 발전이 이루어지지 못했다는 것이다. 노아의 시대로부터 지금까지의 역사를 볼 때, 놀라운 새 물건들을 만들겠다는 사람들의 꿈이 이루어지면 그들의 많은 지역들에서는 두렵고 무섭고 잔인하고 사악한 일들이 일어났다. 예를 들면 가스실, 소수민족 학살, 대량 학살, 포로수용소, 야만적 행위, 죽음의 행진(정치적 박해나 학살을 피하기 위해 죽음을 각오하고 아주 먼 곳으로 이주를 시도하는 일) 등이 있었다. 사람의 목숨을 파리 목숨처럼 여기는 이런 일들은 대개 과학이 많이 발달한 곳에서 일어났다. 기술의 발달은 우리를 도덕적으로 향상시키지 못했다. 오히려 기술의 발달 다음에는 도덕의 붕괴가 뒤따랐다.

그러나 내 말을 오해하지는 말라. 지금 나는 과학이 우리를 악하게 만들었다고 말하는 것이 아니다. 하지만 분명한 것은 과학이 우리를 더 선하게 만들지는 못했다는 것이다. 사실 일부의 과학은 우리를 더 악하게 만들었다. 훈족 왕 아틸라(Attila, 406~453. 훈족 최후의 왕으로 로마와 유럽 일대를 약탈했다), 칭기즈

칸 그리고 과거의 잔인한 폭군들도 우리 세대의 차가운 과학적 살인자들 앞에서는 무색해질 것이다. 광야로 상징되는 부정적 모습은 이런 영역들 이외에 다른 영역에서도 나타났다.

나는 우리 시대의 여자들의 타락상에 대해 언급하고 싶다. 하지만 그런 이야기를 하는 것이 아무 소용이 없을 것이다. 왜냐하면 아무도 내 말을 믿지 않을 것이기 때문이다. 그런 이야기를 하는 것은 바람 속으로 휘파람을 부는 행위나 마찬가지일 것이다. 사람들은 금세기 문명사회의 곳곳에서 일어나는 여성들의 타락을 눈감아주고 변명해주고 웃어넘겼다. 하지만 장차 하나님의 심판대 앞에서도 웃어넘길 수 있을까?

괴저(壞疽, 혈액 공급이 되지 않거나 세균 때문에 비교적 큰 덩어리의 조직이 죽는 현상)를 웃어넘길 수 없듯이 타락도 웃어넘길 수 없다. 여기 다리에 괴저가 생긴 사람이 있다고 하자. 만일 그가 많은 사람들을 조종하여 그의 괴저를 미화하도록 만든다면, 그가 자기의 괴저를 보여주고 그것에 대해 책을 쓰고 시(詩)를 짓고 노래를 불러서 사람들로부터 돈을 받는다면, 그는 자신의 괴저를 미화할 수도 있을 것이다. 하지만 그렇다 할지라도 괴저의 성질이 바뀌는 것은 아니다. 결국 그는 괴저 때문에 죽을 것이다. 의사들이 그것을 제거하지 않으면 그는 죽을 것이다. 괴저를 그대로 둔 채 계속 살 수는 없다.

### 영적 괴저

방금 예로 든 이야기는 영적인 것에 그대로 적용된다. 만일 우리가 하나님의 법을 어기고 인류의 지극히 순수한 샘들을 오염시킨다면, 우리의 사고방식이 이런 도덕적 오염에 물들게 하고 그런 오염에 대해 책과 희곡을 쓰고 그것을 찬양한다면, 이 문제에 대해 계속 타협하고 우리의 타협을 변명하고 합리화한다면, 우리는 조만간 우리를 죽이게 될 것을 미화하는 어리석음을 범하는 것이다.

우리는 심판의 형벌에 직면하기 전에 이 섬뜩한 도덕적 부패를 혐오하고 버리고 회개하게 될 것인가? 나는 그렇게 되기를 바라지만, 그렇게 될지는 잘 모르겠다. 물론 나는 우리 시대의 젊은이들에게 모든 책임을 전가하는 것은 아니다. 나는 젊은이들과 그들의 태도를 꾸짖는 것이 아니다. 나 자신도 한때는 젊은이였다.

그러나 나는 세상이 자꾸 나쁜 방향으로 흘러가고 있다는 것을 지적하지 않을 수 없다. 현재 우리 주변에서는 못된 사람들을 흔히 볼 수 있는데, 불과 몇 년 전만 해도 그 정도로 못된 사람은 온 동네에서 한 명밖에 없었다. 책임감 강한 정부 지도자, 법관 그리고 학부모회 같은 단체들에 관계하는 사람들은 오늘날 젊은이들에 대해 심히 걱정하고 있다. 성급한 결혼과 그에 따른 이혼 증가 그리고 마약 복용의 확산을 보면서 우리는 그것에 대해 걱정하는 것밖에 다른 어떤 것도 할 수 없다.

사람들이 선했던 시기는 역사상 단 한 번도 없었지만, 사람들이 자신의 악함을 부끄러워한 시기는 있었다. 이제 우리는 우리의 악한 습관과 도덕적 수치에 대해 배꼽을 잡고 농담을 할 정도까지 타락해버렸다. 사람들이 자기들의 악과 부패를 오히려 자랑하고 결국에는 신문의 1면에 영웅으로 추앙될 정도까지 한 세대 전체의 도덕심이 타락해버린다면, 하나님께서는 심판을 더 이상 미루지 않으실 것이다. 사람들은 내부로부터 썩어서 파괴될 것이다. 우리가 도덕적 광야에서 살고 있다는 말은 결코 과장이 아니라 사실에 근거한 이야기이다. 도덕적 광야의 현상들이 우리 주변 어디서나 발견된다.

### 교회도 오염되었다

지금까지 말한 것이 우리의 현실이라면 나는 "이 암울한 세상에서 교회가 홀로 순결하게 버티고 있는 것에 대해 하나님께 감사한다. 그리스도의 순결한 신부가 이 어둠 속에서 주님의 빛을 발하는 것에 감사한다"라고 말할 수 있을 것이다. 그러나 유감스럽게도, 나는 도저히 이렇게 말할 수 없다. 그렇게 말하면 거짓말이 되기 때문이다. 교회는 이런 세상의 물결 속에 빠지지 않고 그 위에 떠서 깨끗하고 구별된 모습을 보여야 하지만, 현실은 그렇지 못하다. 교회는 낡고 초라한 배로 변했기 때문에 사방의 갈라진 틈으로 세상의 물이 교회 안으로 흘러들고 있다. 교회와 세상이 서로 섞어버렸기 때문에 양쪽을 구분하기가 쉽지 않다. 교회가 교회의 도덕적 기준에 세상의 영향을 많이 받았기 때문에 그리스도인들은 "우리가 그리스도를 믿지만, 우리의 도덕적 기준과 태도를 바꿀 필요성은 느끼지 못한다"라고 말한다.

현재 우리 시대는 세례 요한의 시대와 다를 것이 없다. 요한의 시대에 종교 지도자들은 그들 자신과 그들의 전통을 변호하기에 바빴다. 그들은 누군가에게 간섭받기를 원하지 않았다. 자기들이 옳다고 인정받기를 원했다. 누군가 때문에 혼란에 빠지는 것을 원하지 않았다. 교회에 가면 마음이 편하기 때문에 교회에 가기를 원했다. 기분이 좋아지기 위해 교회에 가려고 했다. 그러나 그들 주변에서는 광야의 부정적 현상들이 우후죽순처럼 일어났다.

당시 겁쟁이 지도자들은 개종자들을 만들어냈지만, 도덕적으로 아무 목적이 없는 당시의 헛된 관습으로 그들을 이끌었을 뿐이다. 지금 우리도 복음을 전하고 개종자들을 만들어내지만, 그들을 도덕적 광야로 인도할 뿐이다. 세상과 타협한 교회의 무익함으로 그들을 이끌 뿐이다. 하나님께서 주님의 재림 전에 제2의 세례 요한을 일으키실지 나는 모르겠다. 만일 하나님이 그렇게 하신다면 하나님은 무엇보다도 교회를 흔들어놓으실 것이다. 아주 심하게 흔들어놓으실 것이다. 심지어 어쩌면 교회가 분노하게 만드실 것이다.

나는 내가 목회하고 있는 교회를 평가해본다. 솔직히 말하자면, 평균적 수준의 교회들과 비교할 때, 나는 우리 교회가 좋은 교회에 속한다고 본다. 우리 교인들 중 다수가 선한 사람들이고 도덕적인 사람들이기 때문이다. 그들은 부탁을 받으면 어려움 없이 대표기도를 할 수 있는 사람들이다. 그들 중 많은 사람들은 그리스도를 찾는 사람이 주님을 만날 수 있도록 도움을 줄 능력을 갖추고 있다. 또한 그들은 선교회를 위해서나 그 밖의 선한 사업을 위해 아낌없이 물질을 드린다. 그러나 우리 교회에도 문제점이 많은 것은 사실이다.

교회가 마땅히 갖추어야 할 모습을 기준으로 하여 우리의 삶을 살펴볼 경우, 우리에게는 문제점이 많다. 우리의 삶과 마음에 영적 문제점이 있다. 낭비가 얼마나 많은가! 하나님께서 주신 지극히 중요한 은사들을 낭비하는 일이 심하다. 하나님께서 생명과 시간을 허락하셨지만 우리는 그것들을 낭비한다. 광야의 특징들 중 하나는 자원이 선용되지 못한다는 것이다. 낭비된 공간들은 하나님과 사람들에게 아무 유익이 되지 못한다.

당신은 지금 내가 지적하고 있는 문제들을 당신의 삶에서 발견하고 인정해야 할 것이다. 당신의 마음이 정원보다는 광야에 더 가깝고, 하나님의 동산보다는 요단강 너머의 넓은 땅을 더 닮았을지도 모른다. 광야에서는 식물이 자라고 열매 맺는 것이 아주 힘들다. 혹시 열매를 맺는다 해도 지저분한 열매를 맺을 뿐이다. 곡식이 열린다 해도 불모지이기 때문에 형편없는 것들이 열릴 뿐이다.

나는 당신에게 묻고 싶다. 당신이 주님을 섬긴다고 하는데, 장차 주님께 어떤 결과를 보어드릴 것인가? 거듭났지만 믿음의 열매를 맺지 못한 사람은 정말 불행한 사람이다. 그리스도를 위해 아무것도 한 것이 없는 삶은 정말로 비극적인 삶이다.

chapter **09**

# 주린 배뿐만 아니라 주린 영혼을 채워주시는
# 예수님을 신뢰하라

주님의 능력으로 우리를 먹이고 끝내시는 것이 예수님의 뜻이 아니다. 그 상황을 이용하여 또 다른 축복의 통로, 구원의 통로가 열리도록 하는 것이 주님의 뜻이다.

### **하나님을 기다리는 시간**

요한복음 6장에서 사도 요한은 예수님이 기적을 베풀어 수많은 사람들을 먹이신 두 번의 사건 중 하나를 기록하고 있다. 갈릴리에서 일어난 이 극적 사건에서 배역으로 등장한 사람은 두 제자와 이름 모를 소년이다. 제자 빌립은 계산을 했고, 제자 안드레는 제안을 했고, 이름 모를 소년은 자기의 점심 도시락을 기꺼이 내놓았다. 이 사건을 다시 읽어보자.

"예수께서 눈을 들어 큰 무리가 자기에게로 오는 것을 보시고 빌립에게 이르시되 우리가 어디서 떡을 사서 이 사람들로 먹게 하겠느냐 하시니 이렇게 말씀하심은 친히 어떻게 하실 것을 아시고 빌립을 시험코자 하심이라 빌립이 대답하되 각 사람으로 조금씩 받게 할지라도 이백 데나리온의 떡이 부족하리이다 제자 중 하나 곧 시몬 베드로의 형제 안드레가 예수께 여짜오되 여기 한 아이가 있어 보리떡 다섯 개와 물고기 두 마리를 가졌나이다 그러나 그것이 이 많은 사람에게 얼마나 되겠삽나이까 예수께서 가라사대 이 사람들로 앉게 하라 하신대 그곳에 잔디가 많은지라 사람들이 앉으니 수효가 오천쯤 되더라 예수께서 떡을 가져 축사하신 후에 앉은 자들에게 나눠주시고 고기도 그렇게 저희의 원대로 주시다"(요 6:5-11).

이렇게 떡과 물고기로 기적을 베풀기 직전에 우리 주 예수님은 산에 올라가서 제자들과 함께 앉으셨다(요 6:3). 우리는 이 대목을 주목해야 한다. 예수님은 자신을 따르던 무리의 혼잡스러운 상황을 일부러 피하신 것으로 보인다.

다른 사람들과 함께 있을 때에는 우리가 결코 배울 수 없는 것들이 있다. 나는 교회의 가치를 믿고, 성도와의 교제를 좋아한다. 우리가 주일에 모여 성도의 교제를 나눌 때 배울 수 있는 것은 아주 많다. 그러나 다른 사람들이 옆에 있으면 배울 수 없는 것들도 많이 있다.

오늘날 우리가 홀로 있음과 무위(無爲)를 거치지 않고 곧바로 종교적 활동으로 돌입하기 때문에 곧잘 실패한다. 내가 강조하고 싶은 것은 홀로 하나님께 나아가 침묵과 고요함 가운데 기다려 성령충만을 받아야 한다는 것이다. 이런 과정을 통해 하나님께서 우리를 준비시키실 때에야 비로소 우리는 사역의 열매를 맺을 수 있다.

### 가장 적극적인 활동

오늘날 무위를 실천한다는 사람들이 우리 중에 있지만, 그것은 성경이 가르치는 무위가 아니다. 다시 말해서, 우리 주님이 실천하신 무위, 즉 하나님을 조용히 기다리는(바라보는) 것이 아니다. 그들에게서 볼 수 있는 것은 그저 게으름을 부리는 행동일 뿐이다. 우리 주님은 게으름뱅이를 좋아하지 않으신다. 성경 66권 어디를 보아도 게으름을 좋게 말하는 구절은 하나도 없다. 성경은 순전히 게으름에서 나오는 무위를 가르치지 않는다.

또 어떤 무위는 두려움에서 나온다. 무엇인가를 하기를 두려워하는 사람들은 아무것도 하지 않음으로써 위험의 가능성을 줄일 수 있다고 믿는다. 아무것도 하지 않고 가만히 있으면 문제가 생길 위험성이 그만큼 줄어든다는 것이 그들의 계산이다. 하나님께서는 이런 무위를 좋아하시지 않는데, 이것은 비기독교적 동기에서 나온 것이기 때문이다.

또 어떤 사람들은 비전이 없기 때문에 무위에 빠져 있다. 그들은 무엇을 해야 할지 모르기 때문에 아무것도 하지 않는다. 많은 교회들이 이런 상태에 빠져 있다. 이런 사람들은 가야 할 길을 보지 못한 것이고, 그 길을 어디서 찾아야 할지 모르는 것이다. 힘차게 달려가야 할 넓은 길이 눈에 보이지 않기 때문에 그냥 서 있는 것이다.

그러나 이제까지 말한 무위들과는 다른 무위가 있다. 이것은 역설적으로 가장 적극적인 활동이다. 이것은 신체의 활동을 일시적으로 중단하는 것이다. 이것의 좋은 예는 우리 주님이 제자들에게 "너희는 위로부터 능력을 입히울 때까지 이 성에 유하라"(눅 24:49)라고 명하신 경우이다. 제자들은 예수님의 말씀대로 기다렸다. 그리고 얼마 후에 성령의 능력이 그들에게 임했다.

구약에서 하나님을 바라본다는(기다린다는) 것은 하나님 앞에 나와서 정신적으로나 육체적으로 아무것도 하지 않고 기대하고 기다리는 것을 의미했다. 과거에 어떤 시인은 "고민에 빠진 그리스도인이여, 그대의 생각을 멈춰라"라고 말했다. 우리는 해결책을 찾으려고 발버둥 치는 것을 그만두고 자신을 하나님께 온전히 맡겨야 한다. 그러면 하나님의 찬란한 영광이 임하여 우리로 하여금 새롭게 활동을 시작하도록 힘을 주실 것이다.

사람들이 무위라는 행위를 통해 하나님께 나아갈 수 있다는 내 말을 이해하겠는가? 단지 기다리는(바라보는) 태도로 하나님께 나아갈 수 있다는 말이다. 우리의 육체가 활동을 멈추고 심지어 우리의 정신도 어느 정도 활동을 멈춘 상태에서 우리의 내적 영혼이 보고 듣고 날개를 타고 날아오를 수 있다는 말이다.

### 재충전의 시간

성경을 보면 예수님이 활동에 너무 몰입한 사람을 가볍게 꾸짖으신 경우가 나온다. 이 사람은 베다니에 살았던 마르다이다. 그런데 때때로 우리는 주님이 마르다에게 하신 말씀에다 우리의 주관적 생각을 덧붙이는 경향이 있다. 일부 설교자들은 예수님의 가벼운 책망을 구실 삼아 이 불쌍한 여자를 지나치게 혹평하곤 한다. 하지만 나는 마르다 같은 여자들이 이 세상에 있는 것에 대해 하나님께 감사한다. 어떤 행사를 치르려면 누군가는 요리를 하고 설거지를 하고 일을 감독해야 한다. 마르다 같은 여자들이 없다면 우리는 영양이 불균형해져서 비쩍 마를 것이다. 우리는 마르다를 매도하지 말고 그녀에게 떨어진 주님의 가벼운 책망을 있는 그대로 받아들여야 한다.

그런데 마르다와 대조적인 모습으로 등장하는 사람이 있으니, 그녀는 마리아이다. 마리아는 예수님의 발아래 "앉아" 주님의 말씀을 들었다(눅 10:39). 여기서 "앉아"라는 표현에 사용된 단어는 "예수께서 산에 오르사 제자들과 함께 거기 앉으시니"(요 6:3)에서 "앉으시니"라는 표현에 사용된 단어와 동일하다. 마리아는 단지 예수님의 발아래에 앉아서 주님의 말씀을 들었고, 마르다는 신경을 쓰며 분주하게 움직였지만 주께 가벼운 책망을 들었다. 내가 볼 때, 마르다는 영적 재충전 없이 필요 이상으로 활동을 많이 했기 때문에 활동을 위한 영적인 능력을 얻지 못했던 것 같다.

이제 예수님의 경우를 다시 생각해보자. 요한의 기록에 따르면, 사람들이 주님을 찾아왔을 때 주님은 그들을 대할 준비를 이미 갖추고 계셨다. 사람들이 몰려오기 전에 예수님은 조용한 침묵의 시간을 가지셨다. 제자들과 함께 조용히 앉아서 묵상하셨던 것이다. 하나님의 생명의 능력이 하늘 보좌로부터 예수님께로 충만히 임할 때까지 예수님은 하늘에 계신 아버지를 바라보며 기다리셨다. 그리하여 예수님은 조율이 끝난 바이올린이나 충전이 끝난 건전지 같은 상태가 되셨다. 사람들이 예수께 몰려왔을 때 주님은 그들을 맞을 준비가 끝난 상태이셨다.

무수한 사람들이 예수께 나아왔다. 그들은 주님을 따르기 위해 3일 전에 주변의 갈릴리 마을에서 황급히 빠져나온 사람들이었다. 그들 중 어떤 이들은 아기를 안고 있었고, 어떤 이들은 고령이었고, 또 어떤 이들은 이런 장거리 여행을 감당하는 것이 힘들 정도로 몸이 약했다. 3일 여행길을 오느라고 그들의 식량도 바닥이 났다. 그들에게 음식이 필요했지만, 음식을 살 곳조차 없었다.

바로 그런 상황에서 주님은 빌립에게 "우리가 어디서 떡을 사서 이 사람들로 먹게 하겠느냐"(요 6:5)라고 물으셨다. 주님의 이런 질문에서 당신은 무엇인가 느끼는 것이 없는가? 여기서 나는 예수님이 사람들의 배고픔의 문제와 떡의 문제에 관심을 가지고 계셨다는 것을 느낀다.

나는 야영(野營) 집회 때 부엌과 식사 장소를 갖추지 않은 경우를 한 번도 보지 못했다. 성령충만을 받기 위해 모인 집회의 어느 구석엔가는 성령충만한 성도들에게 음식을 제공하는 일을 하는 요리사가 있기 마련이다. 우리 주님은 우리가 인간이라는 것을 잘 아신다. 주님은 우리를 이해하시고 우리에게 일용할 양식이 필요하다는 것을 잘 알고 계시는데, 이것을 아는 것이 우리에게 유익이다.

### 예수님은 거룩한 것과 속된 것을 구별하지 않으셨다

종종 나는 왜 하나님께서 우리에게 몸을 주시고 우리로 하여금 몸에서 벗어나지 못하게 하셨는지 궁금하게 생각해왔다. 그리고 하나님이 그렇게 하신 것은 우리를 단련하시기 위함이라고 결론을 내렸다. 그 밖의 다른 결론은 나오지 않았다. R. W. 에머슨(R. W. Emerson, 1803~1882. 미국의 사상가이며 시인)은 "자연이 인간에게 기여하는 것이 한 가지 있는데, 그것은 인간을 연단하는 것이다"라고 말했다.

때때로 우리는 이렇게 생각하지 않을 수 없다. 때로는 몸이 손으로부터 조금밖에 못 얻어내지만, 그럼에도 불구하고 우리는 다른 일들을 이룰 때만큼 많은 시간과 노력을 투자하여 몸을 돌보지 않을 수 없다. 나는 하나님께서 이 사실을 잘 알고 계신 것이 감사하다. 나는 하나님이 모든 것을 다 알고 계신다는 사실이 기쁘다. 하나님은 우리에게 연약한 몸을 주셨지만, 우리가 우리의 몸을 잘 돌보기를 원하신다. 이런 전제에서 보면, 하나님이 사람들의 끼니 해결 문제에 깊은 관심을 가지셨다는 사실이 쉽게 이해된다.

거룩한 것과 속된 것을 구별하려고 애쓰는 사람들이 일부 있는데, 나는 그런 구별을 믿은 적이 한 번도 없다. 음식을 먹는 것도 기도하는 것만큼 경건한 행위가 될 수 있다. 내가 아침 식사를 하는 것은 우리 가족이 모여 기도하는 것만큼 영적인 것이다. 우리의 아침 식사를 우리의 기도에서 분리하려는 시도는 불필요한 구분을 지으려는 것에 불과하다. 식사를 미심쩍은 것으로 규정하고 식사 때마다 주께 "주님, 매우 죄송하지만 주님도 아시듯이 저는 지금 식사를 해야 합니다. 식사를 끝내자마자 주께 나아가겠습니다. 죄송하지만 식사를 마칠 때까지 기다려주십시오"라고 말씀드려야 하는가? 결코 그럴 필요가 없다.

우리의 육체를 위해 필요한 것들을 한쪽으로 몰아놓고 기도와 찬양과 구제(救濟)와 성경 읽기와 전도를 다른 쪽으로 몰아놓아 양쪽을 구별하는 것은 옳지 않다. 어떤 것을 가리켜 "이것은 영적인 것이다" 또는 "이것은 속된 것이다"라고 말할 수 없다. 그럼에도 불구하고 우리는 영적인 것과 속된 것을 구별하여 그 사이에 팽팽한 밧줄을 매어놓고 그 위를 걸어가다가 때때로 하나님께 "하나님, 죄송하지만 지금 제가 잠깐 동안 속된 것을 하지 않을 수 없습니다"라고 말씀드린다.

나는 이런 식으로 성(聖)과 속(俗)을 구별하며 사는 것보다 더 좋은 삶이 있다는 것을 안다. 많은 그리스도인들과 달리 주 예수님은 성과 속을 구별하지 않으셨다고 나는 당신에게 단언할 수 있다. 예수님은 자신이 주님이시라고 말씀하셨다. 하나님이신 그분이 "우리가 어디서 떡을 사서 이 사람들로 먹게 하겠느냐"(요 6:5)라고 말씀하셨다. 주님이 떡을 떼어 무리에게 주셨을 때 그들이 떡을 먹었는데, 그들의 식사는 그 이전 며칠 동안 주님이 베푸신 가르침만큼 영적인 것이었다. 가르침과 식사는 똑같이 영적인 것이다. 식사 전에 있었던 기도가 식사보다 더 영적인 것은 아니다. 식사만큼 영적일 뿐이다.

### 예수님은 떡의 주인이시다

당신이 이 진리를 굳게 붙든다면 큰 유익을 얻을 수 있다. 주님은 우리의 떡의 주인이요, 우리의 식사의 주인이요, 우리의 목욕의 주인이요, 우리의 수면의 주인이요, 우리의 복장의 주인이요, 우리의 일의 주인이시다. 일할 때 우리는 "주님, 오늘 제가 일해야 합니다. 하지만 저는 오늘 저녁 주님과 함께 보낼 시간을 계획할 것입니다"라고 말씀드릴 필요가 없다. 우리 주님은 우리와 함께 계시면서, 우리의 모든 일을 거룩하게 하신다. 우리의 일이 정직하고 선하기만 하다면 말이다. 당신의 직업이 정직하고 존경받을 만한 것이라면 주님이 당신의 일에 복을 주실 것이다. 주님이 당신 안에 계시다면 당신의 노동에도 함께하실 것이다.

"우리가 어디서 떡을 사서 이 사람들로 먹게 하겠느냐"(요 6:5)라고 말씀하신 분이 바로 영광의 주님이시라는 사실에 주목하라. 주님은 사람들에게 음식이 필요하다는 현실에 관심을 가지셨다. 그런데 주님은 빌립으로 하여금 이런 현실에 눈뜨게 하셨다. 주님은 이런 현실적인 문제를 해결하기 위한 시도에 빌립을 참여시키셨다.

언젠가 나는 주님은 스스로 충분하시기 때문에 우리의 도움을 필요로 하지 않으신다는 내용의 설교를 한 적이 있다. 이런 내 설교를 듣고 어떤 사람들은 불편한 표정을 지었는데, 왜냐하면 그들은 주님이 우리의 도움을 필요로 하신다고 믿기 때문이다. 그들이 사임하거나 은퇴하면 주님이 그들을 대신할 사람들을 서둘러 구하셔야 한다는 것이 그들의 생각이다. 그러나 그런 생각은 하나님을 충분히 이해하지 못한 것이다!

만일 하나님이 당신의 도움을 필요로 하는 분이시라면 당신은 하나님 앞에 무릎 꿇고 기도하겠는가? 나 같으면 결코 그렇게 하지 않을 것이다. 내 도움이 필요한 하나님이라면 곤경에 처할 수도 있는 하나님일 것이다. 하나님께 굳이 나의 도움이 필요한 것은 아니다. 당신의 도움도 필요 없다. 이런 사실이 어떤 사람들에게는 먹기 힘든 쓴 약과 같을 것이다. 왜냐하면 우리는 반드시 필요한 존재인 우리가 가버리면 큰 나무가 쓰러져 하늘이 훤히 보일 정도로 빈 공간이 생길 것이라고 믿고 있기 때문이다. 그러나 우리 중 누군가 죽는다 할지라도 그것은 메뚜기가 들판에서 풀 한 잎사귀를 먹은 것 같기 때문에 아무도 주목하지 않을 것이다.

다시 예수님이 해결하셔야 할 상황으로 돌아가자. 예수님 앞에는 굶주린 사람들이 있었고, 예수님은 그들을 먹이려고 하셨다. 그런데 예수님이 주님의 능력으로 그들을 먹이고 끝내는 것은 주님의 뜻이 아니었다. 그 상황을 이용하여 또 다른 축복의 통로가 열리도록 하는 것이 주님의 뜻이었다. 그리하여 주님은 '내가 빌립을 시험해보리라. 내 뜻을 이루는 데 참여할 수 있는 영광을 그에게 주리라. 물론 나에게 그의 도움이 필요한 것은 아니지만, 나는 그를 사용하여 이 문제를 해결하리라'라고 생각하셨을 것이다. 그런 다음 주님은 제자들 중 한 명인 빌립을 택하셨다.

그리하여 예수님은 자신과 함께 문제 해결에 나서도록 빌립을 권하셨다. 예수님은 그를 팔꿈치로 살짝 밀어서 난처한 입장에 처하게 하셨는데, 이는 그로 하여금 자신의 무익함을 깨닫게 하시기 위함이었다.

당신이 모든 질문에 대답할 수 있는 것은 아니라는 깨달음을 얻는 데 시간을 사용했다면, 당신은 그 시간을 낭비한 것이 결코 아니다. 당신이 지극히 작은 존재라는 사실을 깨닫는 데 시간이 흘러갔다면, 당신은 그 시간을 낭비한 것이 결코 아니다. 내가 이룰 수 없는 것들, 내게 없는 것들을 깨닫는 것은 적극적 의미에서 나의 승리이다.

### 계산기 빌립

오늘날 우리의 그릇이 채워지지 않는 것은 우리가 그릇의 내용물을 조금만 비우기 때문이다. 주님은 빌립을 채우시기 위해 그를 비우셔야 했는데, 왜냐하면 그가 자기의 생각으로 가득 차 있었기 때문이다. 예수님은 이미 다른 것으로 가득 차 있는 것을 주님의 임재로 채우실 수 없다. 사실 솔직히 말하면, 예수님이 빌립에게 사람들을 먹일 음식을 어디서 살 수 있겠느냐고 물으셨을 때 빌립은 제대로 대답하지 못했다.

빌립은 이해타산이 밝았고, 감동을 받지도 못하고 주지도 못했다. 그는 계산기로 손을 뻗어 그것을 켜고 계산에 들어갔다. 이런 그를 나는 '계산기 빌립'이라고 부르고 싶다.

과거에는 사람들이 별명을 많이 불렀는데, 지금은 과거만큼 그렇게 많이 별명을 사용하지는 않는 것 같다. 과거에 사람들은 다른 사람들에게 그들의 특징을 드러내는 별명을 지어주곤 했다. 내가 성장한 서부 펜실베이니아 주(州)의 시골 지역에서도 사람들은 그들의 별명에 의해 서로 간에 구별되곤 했다. 역사를 돌아보아도 어떤 개인의 특징을 드러내는 이름이 사용된 예를 볼 수 있는데, '붉은 에릭'(Eric the Red, 950~1003. 그린란드에 북유럽 최초의 식민지를 건설한 사람으로서 붉은 머리카락 때문에 '붉은 에릭'이라고 불렸다)이나 '위대한 자 알렉산더'(알렉산더 대왕)가 그런 경우이다.

여기 신약에서도 빌립을 '계산기 빌립'이라고 부를 만하다. 그를 가리켜 '수학자 빌립'이나 '은행원 빌립'이라고 불러도 무방할 것이다. 당시에는 기적이 필요한 상황이었지만, 빌립은 가능성을 계산하기 시작했다! 그리스도인들의 모임마다 계산기를 가진 사람이 적어도 한 명은 있는 것 같다. 나는 여러 해 동안 각종 위원회에서 일을 보았는데, 당회 안에 '계산기 빌립' 같은 사람이 없는 적이 거의 없었다. 누군가 어떤 계획을 제안하면 '계산기 빌립'이 꼭 나와서 그 계획의 성취가 불가능하다는 것을 증명하기 위해 애썼다.

우리의 시카고교회를 이전하려고 할 때의 일이다. 교회 부지에는 오래된 젖을 짜는 축사(畜舍)가 있었다. 그곳에 교회 건물을 짓는 문제를 논의할 때 빌립과 같은 사람들이 많이 나서서 그것이 불가능하다고 주장했다. 물론 그들은 자신들의 주장을 증명할 수 있었다. 그러나 결국 우리는 그곳에 교회 건물을 지었고, 6년이라는 짧은 기간에 빚을 다 갚았다. 이런 일을 할 때에는 언제나 '계산기 빌립'들이 나서서 계산기를 두드리며 계획 실현의 불가능성을 증명하는 법이다.

조금 전에 말했듯이 나는 여러 해 동안 각종 위원회에서 일을 보았는데, 위원들 중에는 두 종류의 사람이 꼭 있었다. 한 무리는 기적을 볼 수 있는 사람들이고, 다른 한 무리는 계산기를 두드리며 계산기에 뜬 숫자만을 볼 수 있는 사람들이다. 주님의 제자 빌립은 계산기를 가지고 일을 하려고 했다. 그는 제자들에게 남은 돈이 얼마인지를 알고 있었다. 그는 떡 한 덩이의 값이 얼마인지를 알고 있었다. 그리고 굶주린 무리의 규모가 얼마인지를 알고 있었다.

### 100퍼센트 부정적인 사람

빌립은 자기가 알고 있는 이런 사실들을 종합하여 계산기를 두드린 다음 "각 사람에게 조금씩 음식을 나눠주려고 할지라도 8개월 치 임금에 해당하는 돈으로도 부족할 것입니다"라는 대답을 내놓았다. 빌립은 그 상황에서 나름대로 최선을 다했지만, 그는 그 일에 대해 100퍼센트 부정적이었다. 만일 예수님과 다른 제자들이 그의 계산에 따라 결정을 내렸다면, 그곳에 있던 모든 사람들은 굶주림의 고통에서 벗어나지 못했을 것이다. 왜냐하면 그 영광스러운 기적이 일어나지 않았을 것이기 때문이다.

교회를 죽이려면 다른 것은 필요 없고, 오직 말로 교인들의 기를 팍 죽이면 된다. 양(羊)들에게 기운 빠지는 소리를 계속하면 교회는 이내 죽어버린다. 부정적인 말을 은근히 계속하면

암시의 힘이 작용하여 교회를 무너뜨릴 것이다.

어떤 A교인이 B교인을 만나서 "교회 일이 잘 풀리지 않죠, 그렇죠?"라고 말한다. 그러면 B교인도 "맞아요, 잘 안 풀려요"라고 대답한다. C교인이 B교인에게 다가가 "교회 일이 제대로 안 돌아가는 것 같아요"라고 푸념한다. 그러면 B교인이 "다른 사람도 그런 얘기를 하더군요"라고 말한다. B교인은 5분 전에 A교인에게서 들은 얘기를 염두에 두고 이렇게 대답한 것이다. 이런 식으로 얘기가 돌면 "사람들이 하는 얘기 들으셨죠? 교회 일에 문제가 있대요"라는 말이 순식간에 교회 전체로 퍼진다. 결국 이런 소문은 머지않아 교회를 죽일 것이다. 계산기를 들고 있는 사람들은 문제는 보지만, 하나님을 보지 못한다. 계산에는 밝지만, 하나님을 계산에 넣지 못한다.

'계산기 빌립', 이런 사람은 우리 주 예수 그리스도의 교회에서 위험한 사람이 될 수 있다. 교회 성장을 위해 어떤 제안을 내놓아도 이런 사람은 항상 반대표를 던지기 때문이다.

### 가능성을 찾는 사람

빌립 옆에는 안드레가 있었는데, 이제 이 사람에 대해 살펴보자. 그는 빌립보다는 약간 한 걸음 앞섰다. 그는 소극적인 제안을 내놓았다. 그는 예수께 "여기 한 아이가 있어 보리떡 다섯 개와 물고기 두 마리를 가졌나이다 그러나 그것이 이 많은 사람에게 얼마나 되겠삽나이까"(요 6:9)라고 말씀드렸다.

안드레가 이렇게 말한 것을 볼 때, 나는 그가 어떤 분야의 일인자가 될 만한 재목은 못 된다고 판단한다. 만일 그가 오늘날 살았다면 그는 분명히 설립자나 주창자가 되지는 못했을 것이다. 그는 단지 기적이 일어날 수 있는 방향으로 약간 움직였을 뿐이다. 빌립이 예수께 말씀드리는 것을 옆에서 들었던 안드레는 속으로 '빌립의 대답은 잘못된 것이다. 빌립은 선한 사람이고 내가 좋아하는 사람이지만, 그의 대답은 부정적인 방향으로 약간 치우쳐 있다'라고 생각했을 것이다.

안드레는 빌립의 계산서의 모든 항목을 보았을 것이다. 즉, 가지고 있는 돈으로 살 수 있는 떡의 양을 계산한 항목, 배고픈 사람들의 숫자를 계산한 항목 그리고 떡 한 덩이를 몇 개로 나누어야 할지를 계산한 항목 등을 보았을 것이다. 그리고 안드레는 '이런 식으로 생각하면 안 된다. 우리에게 돈이 있다 할지라도 음식이 각 사람에게 아주 조금씩만 돌아갈 것이라는 빌립의 계산이 옳지만, 그런 계산으로 이 문제를 해결하려고 하면 안 된다. 진정한 해결책이 나와야 한다. 틀림없이 방법이 있을 것이다'라고 생각했을 것이다.

그리하여 그는 주변을 둘러보았다. 안드레 같은 사람이 교회에 많아지게 된다면 기적에 한 걸음 더 가까이 다가선 것이다. 안드레 같은 사람이 불과 한두 명만 있어도 그들 중 한 사람이 "여기에 떡과 물고기를 가진 소년이 있습니다. 하지만 썩 많지는 않습니다"라고 말할 것이다. 이렇게 말할 때 그의 목소리가 커질 것인데, 그것은 누군가 자신의 말을 듣고 도움의 손길을 주기를 바라는 마음에서 목소리를 높인 것이다. 그의 말에는 "누군가 내게 격려의 말을 해준다면 나는 이런 상황에서도 희망의 빛을 볼 것 같다"라는 메시지가 담겨 있다. 이런 자세를 보이는 사람이 바로 안드레이다.

안드레를 닮은 사람은 조금 더 뜨거워진 사람이다. 계산기를 가지고 당시 상황에서 아무도 음식을 먹지 못할 것이라고 증명한 빌립은 얼음처럼 차가운 상태에 있었다. 그러나 안드레는 주변을 둘러본 후 "뭔가 가능성은 보입니다. 작은 바구니에 도시락을 싸 온 어린아이가 한 명 있습니다"라고 말했다.

나는 안드레가 소개한 그 소년이 어떻게 도시락을 먹지 않고 계속 가지고 있었는지 참으로 궁금하다. 만약 우리 아이들이 그 소년의 입장이었다면, 첫날 오전에 그 도시락을 다 먹어치웠을 것이다. 하지만 그 소년은 3일째 되는 날까지 도시락을 그대로 가지고 있었다. 어쩌면 엄마에게 여분의 도시락을 받아서 그것을 계속 간직하고 있었는지도 모른다. 아무튼 그 소년이

가지고 있던 다섯 개의 떡은 생김새와 크기가 팬케이크와 비슷했기 때문에 전부 다해야 별로 많은 양은 아니었을 것이다. 그리고 그 밖에 다른 것이라고는 물고기 두 마리가 전부였다.

안드레는 가진 것이 전혀 없었지만, 그 소년에게 작은 도시락이 있다는 것을 알았다. 그런데 이런 작은 도시락이 도움이 될 수도 있다. 내가 볼 때, 교회에 안드레 같은 사람들이 있으면 어느 정도 도움이 된다. 그런 사람들은 주위를 둘러보고 도시락을 가진 사람을 찾아낸다. 이것은 한 줄기 희망의 빛이요, 작은 믿음이다.

### 우리에게는 안드레 같은 사람이 필요하다

지금은 안드레 같은 사람들, 즉 도움의 손길을 찾기 위해 주위를 둘러보는 믿음과 소망을 가진 한 사람을 찾아야 할 때이다. 한 어린아이가 가졌던 작은 도시락이 바로 그 도움의 손길이었다. 그 도시락은 대단한 것이 아니었다. 사실 두 사람이 먹기에도 부족한 것이었다. 그러나 우리 주님은 그 부족한 도시락을 5천 명 이상의 사람들이 먹기에도 충분하도록 변화시키셨다.

때때로 나는 과거의 신앙인 월터 힐튼(Walter Hilton, 14세기 영국의 신비주의자)의 말을 인용한다. 그는 셰익스피어의 시대보다 이전 시대에 살았던 사람이다. 그는 하나님을 섬기는 문제에 대해 이야기하면서, 특히 하나님을 어떻게 섬겨야 할지에 대해 말했다. 그는 "내가 당신에게 작은 규칙 하나를 가르쳐주겠다"라고 말한 다음, "많은"이라는 뜻을 가진 '미클'(mickle)이라는 고대영어(Old English)를 사용하여 "가진 것이 많다면 많은(mickle) 일을 하라. 가진 것이 적다면 적은 일을 하라. 가진 것이 없다면 적어도 선한 의도를 가져라"라고 말했다. 얼마나 멋진 규칙인가! 안드레는 적어도 선한 의도를 가졌던 사람이다. 그래서 그는 가능성, 즉 작은 도시락을 발견했다. 그는 하나님 편에 섰던 사람이다.

당신이 알아챘는지 모르겠지만, 요한복음의 기록자 요한은 소년의 도시락이 예수님이나 제자들에게 전달된 과정에 대해 자세히 기록하지 않고 있다. 요한은 단지 예수님이 떡들을 취하셨다고 기록할 뿐, 그것들이 어떻게 주님의 손에 들어가게 되었는지에 대해서는 기록하지 않고 있다. 하지만 주님에 대해 글을 많이 읽은 나로서는 소년이 그의 도시락을 마지못해 내놓았다고 믿을 수 없다. 그 도시락이 소년에게는 절대적으로 필요한 것이었지만, 그는 그것을 주님께 드렸다.

아마도 예수님은 미소를 지으시며 그 아이에게 "너는 이 많은 굶주린 사람들을 돕기 위해 뭔가를 하기를 원하느냐?"라고 물으셨을 것이고, 그 아이는 밝은 얼굴로 "네, 주님! 그렇습니다"라고 대답했을 것이다.

예수님은 다시 "그러면 내가 네 도시락을 사용해도 되겠니?"라고 물으셨을 것이고, 그 아이는 웃는 얼굴로 그것을 주께 드렸을 것이다. 그리고 예수님은 제자들 쪽으로 몸을 돌리시며 그들에게 "사람들을 자리에 앉게 하라"라고 말씀하셨다. 사람들은 줄을 맞춰 질서 있게 앉았을 것이고, 주님은 소년의 떡을 취하여 축사(祝謝)하시고 하늘을 우러러보며 "오, 하나님! 이 작은 떡 덩이에 복을 내려주소서. 이 작은 희망의 징후에 복을 주소서. 이 작은 믿음의 표시에 복을 내리소서"라고 기도하셨을 것이다.

그런 다음 주님은 보리떡과 물고기를 사람들에게 나눠주기 시작하셨고, 갑자기 바구니들에 음식이 가득하게 되었다. 이 바구니들이 어디에서 생겼는가? 그것들은 사람들이 하루 전이나 이틀 전에 음식을 먹은 후 남겨둔 빈 바구니들이었다. 그 수많은 사람들 중에 빈 바구니는 아주 많았지만, 음식은 어린아이의 것만 남아 있었던 것이다. 주님은 이 적은 음식을 수천 배로 늘어나게 하여 온 무리를 먹이셨다. 어린 소년이 주께 이 적은 음식을 드렸을 때, 5천 명 이상의 사람들이 배불리 먹었던 것이다!

### 구원의 열쇠가 당신의 손안에 있다

오병이어의 기적을 살펴봤으니 나는 당신에게 몇 가지 질문을 던지지 않을 수 없다. 당신은 빌립 같은 사람인가? 안드레 같은 사람인가? 아니면 도시락을 갖고 있던 소년 같은 사람인가?

빌립은 인간적 계산에 너무 밝았기 때문에 하나님을 계산에 넣지 못했다. 안드레는 빌립보다 조금 더 앞서 갔다. 그는 가진 것이 없었지만, 어디에서 문제 해결의 실마리를 찾아야 할지를 알았다. 어린아이는 적은 것밖에 없었지만 그것을 주께 드렸고, 주님은 그것을 배가시켜 넘치도록 나눠주셨다.

당신은 누구를 닮았는가? 주님이 현재의 상황에서 아무것도 하실 수 없다고 확신하는 사람을 닮았는가? 그리고 계산기를 꺼내어 당신의 확신이 옳다는 것을 증명하려고 노력하는가?

아니면 당신은 선한 의도를 가지고 있지만 아직 문제 해결의 확신에 이르지 못한 사람을 닮았는가? 그렇다면 당신은 현재 있는 것이 충분하지 못하다는 것을 잘 알지만, 그래도 그것에서 문제 해결의 실마리를 찾기를 희망할 것이다.

아니면 당신은 도시락을 내놓은 어린아이를 닮아서 "예수님, 이 도시락을 드리면 저는 굶을지도 몰라요. 그렇지만 저는 예수님의 방법을 좋아하기 때문에 예수님을 따를 것입니다. 저의 도시락을 받아주세요"라고 말씀드리는가?

내가 덧붙여 말하고 싶은 것이 한 가지 있다. 주님은 소년에게 음식 바구니를 하나 주실 때 그 위에 생선 한 마리를 덤으로 얹어주셨을 것이다. 왜냐하면 그렇게 하시는 것이 예수님다운 행동이기 때문이다. 예수님은 모든 것을 주께 바친 사람의 바구니에 덤으로 복을 얹어주시는 분이다. 영적인 부분에서 이렇게 하시는 분이 도시락에 대해서도 이렇게 하시는 것은 당연한 일이다.

적어도 안드레 같은 믿음을 달라고 하나님께 구하자. 그리고 하나님의 은혜의 징후를 발견하기 위해 주변을 둘러보자. 그러면 틀림없이 그런 징후가 보일 것이다. 어쩌면 당신은 그런 징후를 갖고 있으면서도 그것을 깨닫지 못하는 것일 수도 있다. 주께 도시락을 드린 소년이 자기에게 기적의 열쇠가 있다는 것을 알았을까? 그 아이는 몰랐다! 그러면서도 기적의 열쇠를 자기의 바구니 속에 가지고 다녔던 것이다! 3일 동안 그것을 가지고 다니면서도 알지 못했다는 말이다.

미래의 열쇠가 당신에게 있을지도 모른다. 당신은 의식하지 못하지만, 적어도 10명 어쩌면 100명의 구원을 위한 열쇠가 당신의 손안에 있을지도 모른다. 당신이 해야 할 일이 있는데, 그것은 주님이 그 열쇠를 사용하실 수 있도록 그것을 주께 드리는 것이다.

예수께 "주님, 저에게 있는 것은 작은 실마리입니다. 하지만 이것을 받으소서"라고 말씀드려라. 그러면 예수님이 받으실 것이다. 예수님이 그것을 어떻게 사용하실지 나는 모르지만, 아무튼 그것을 배가시켜 지극히 귀하게 쓰실 것이다.

분명히 그렇게 하실 것이다!

chapter 10

# 하늘의 면류관과
# 아버지의 집을 사모하라

오늘날 교회들과 성도들은 절망의 폭풍 속에 있다. 그러나 기억하라! 우리 주님이 바다 위를 걸어오고 계신다. 어둠이 깊고 바람이 거세지만, 우리의 작은 배는 아버지의 집을 향하여 나아가고 있다.

### 주님은 곧 다시 오실 것이다!

이 장(章)은 정치적, 사회적 및 경제적 지각변동의 시대를 살아가는 사람들을 위한 격려의 메시지이다. 온 세상이 거센 폭풍의 한가운데 놓여 있지만, 폭풍을 뚫고 걸어가시는 분이 계신다. 그분이 예수님이시다. 그분은 우리 주(主) 그리스도이시다. 우리는 단 한순간도 두려워할 필요가 없는데, 왜냐하면 그분이 절대주권을 가진 주님이시기 때문이다.

사도 요한의 기록에 따르면, 큰 무리를 먹이신 예수님은 그들이 주님을 억지로 잡아 임금 삼으려는 줄을 아셨다. 그래서 예수님은 다시 혼자 산으로 떠나가셨다(요 6:15). 이제 우리는 이런 일이 일어난 다음에 전개된 사건에 주목하고자 한다. 우선 이 사건에 대한 성경의 기록을 읽어보자.

"저물매 제자들이 바다에 내려가서 배를 타고 바다를 건너 가버나움으로 가는데 이미 어두웠고 예수는 아직 저희에게 오시지 아니하셨더니 큰 바람이 불어 파도가 일어나더라 제자들이 노를 저어 십여 리쯤 가다가 예수께서 바다 위로 걸어 배에 가까이 오심을 보고 두려워하거늘 가라사대 내니 두려워 말라 하신대 이에 기뻐서 배로 영접하니 배는 곧 저희의 가려던 땅에 이르렀더라"(요 6:16-21).

우선 이 성경본문의 사건을 다시 세부적으로 정리해보자. 예수님은 (아마도 기도와 묵상을 위해) 혼자 산으로 가셨다. 밤의 어둠이 몰려오는 가운데 제자들은 작은 배를 타고 그들의 본부(本部) 격에 해당하는 가버나움을 향해 나아가고 있었다. 갑자기 폭풍이 일어나 갈릴리 호수에 거센 파도가 일어났고, 바람에 이리저리 밀리는 배 안에서 두려움에 빠진 제자들은 노를 젓느라고 안간힘을 썼다. 그런데 그때 그들의 눈에 물 위로 걸어오고 계신 분이 보였다. 그분이 예수님이라는 사실을 알게 된 제자들은 주님을 배 안으로 모셨고, 결국 그들은 기적적으로 목적지에 도달했다.

이 사건은 주님의 재림과 예정된 만물의 완성을 기다리는 교회에게 한 편의 예언적 드라마가 되었다. 우리 주님이 산으로 올라가시고 제자들이 바다로 내려간 것은 우연의 일치가 아니었다. 내가 볼 때, 우리 주님은 실제 사건을 통해 우리에게 교훈을 주시려고 했던 것이다. 즉, 실제 사건을 통해 우리로 하여금 주님의 재림에 대해 깊이 생각하도록 하신 것이다.

나는 주님이 곧 다시 오실 것이라고 확실히 믿는다. 예수님이, 노를 젓느라 안간힘을 쓰고 있던 제자들을 향해 갈릴리 바다 위로 걸어오셨듯이, 나는 주님이 우리의 풍랑 이는 바다 위를 걸어오실 것이라고 믿는다.

어쩌면 어떤 사람들은 주님이 자신들에게 절실히 필요한 분은 아니라고 생각할지 모른다. 그러나 현재 지극히 힘든 곤경에 빠져 있는 사람들은 주님 없이는 결코 어려움을 헤쳐나갈 수 없다고 외칠 것이다. 주님은 곧 다시 오실 것이다!

### 평범한 수준을 초월한 존재

우리는 우리 주 예수 그리스도에게서 우리에게 감동을 주는 아름다운 점들을 발견할 수 있다. 앞에서 언급했듯이, 5천 명을 먹이신 예수님은 배부름의 만족을 얻은 사람들이 주님을 억지로 잡아 왕으로 삼으려는 열의로 충만하다는 것을 간파하셨다. 그래서 예수님은 홀로 산으로 가셨다. 그러는 동안 제자들은 바다로 내려가 작은 배를 타고 가버나움으로 가려고 했다.

우선, 주님이 자신을 왕으로 삼으려는 무리의 시도를 거부하셨다는 점에 주목하라. 보통 사람 같으면 왕위(王位)를 거절하지 않았겠지만, 주님은 보통 사람이 아니셨다. 주님은 절대주권을 가지신 우주의 주님이셨다. 예수님은 무리가 예수께 드리려고 한 면류관을 거부하셨는데, 그것은 그 면류관이 예수님이 본래 쓰셔야 하는 면류관과 다른 것이었기 때문이다. 또한 예수님은 그때가 면류관을 쓰실 만한 적절한 때가 아님을 아셨다. 예수님은 면류관을 쓰기 전에 먼저 십자가를 통과해야 한다는 사실을 알고 계셨다.

우리 주 예수 그리스도께서는 사람들에게 인정받기 위해 행하지 않으셨다. 다른 사람들 같으면 그런 것을 기꺼이 행했을 것이다. 내가 볼 때, 예수님은 이 세상 최고의 시인이요, 화가요, 음악가이시다. 하늘에서 오신 우리의 신랑인 주님에게서는 아름답고 사랑스럽고 우아하고 멋진 것이 모두 발견된다.

예수님의 출생은 보통의 출생과 달랐다. 주님은 동정녀 마리아에게서 태어나기 위해 자신을 낮추어 '죽을 수밖에 없는 육체'가 되셨다. 이런 출생의 방법을 통해 예수님은 인간의 출생을 형언할 수 없을 정도로 고상하고 고결하게 만드셨다.

비록 주님이 목수의 작업대에서 일할 정도까지 자신을 낮추셨지만, 주님의 일은 결코 쉬운 일이 아니었다. 주님이 노동을 하심으로써 우리의 모든 노동을 높은 수준으로 끌어올리고, 우리의 모든 비천한 수고를 고상한 것으로 바꾸셨다.

우리 주님은 이 땅에 계실 때 고난을 당하셨는데, 주님의 그 고통은 우리가 흔히 겪는 고통, 즉 입을 꾹 다물고 차가운 눈빛으로 견뎌야 하는 고통이 아니었다. 주님의 고통은 영혼의 고상한 영역을 파괴하고 우리를 짐승처럼 만드는 그런 고통이 아니었다. 그것은 우리를 우리의 본래의 재료, 즉 흙으로 돌아가게 만드는 고통이 아니었다. 예수님의 고통이 비범한 것은 주님의 모든 행하심과 말씀이 평범한 수준을 초월하는 것이었기 때문이다.

### 싸구려 면류관

만일 우리가 믿음 안에서 주께 속했다면, 이것은 예수님이 우리를 평범한 수준 위로 끌어올리신 것이다. 다시 말해서, 우리가 하나님의 자녀로서 더 이상 평범한 수준에 머물러 있지 않게 하신 것이다. 고난당하신 구주(救主)께서 우리를 이렇게 비범한 수준으로 끌어올리셨기 때문에 주님의 자비로 행한 신자의 지극히 평범한 행위도 비범한 행위로 승화된다.

우리 주님은 자신을 낮추어 십자가에서 죽으셨지만, 예수님의 죽음은 인간의 평범한 죽음과는 완전히 다른 것이다. 예수님의 죽음은 자연에게 진 빚을 갚기 위한 죽음이 아니었다. 예수님의 죽음은 자연이 주께 대해 가지고 있던 저당권 때문에 주님의 목숨을 넘겨드린 것이 아니었다. 자연은 주님에 대해 저당권을 결코 가질 수 없었다. 예수님은 자연을 창조하신 분이지, 자연에 대해 채무자가 아니셨다.

그렇다면 무엇 때문에 주님의 죽음이 그토록 비범한 것인가? 그것은 예수님이 의로운 분으로서 불의한 자들을 위해 죽으셨기 때문이다. 예수님의 죽음이 희생의 죽음, 대속(代贖)의 죽음이기 때문이다. 예수님은 빚진 분이 아니었지만, 빚에서 도저히 헤어 나올 수 없는 자들을 위해 대신 빚을 갚아주신 것이다.

그리스도의 삶과 죽음이 그토록 비범했기 때문에 우리는 그리스도의 말씀도 비범할 것이라고 기대한다. 회심하지 않은 사람이 그리스도의 비범한 말씀을 이해하지 못하는 것은 당연하다. 온유하고 겸손한 사람에게 주님의 말씀이 언제나 은혜와 진리의 말씀으로 들리는 것은 당연한 일이다.

이것은 오랜 세월 동안 하나님의 성도들이 증명해온 진리이다. 벌들이 꽃을 찾아 모이듯 그들은 성경말씀을 찾아왔고, 거기서 그들의 영적 양식을 위한 달고 값진 화밀(花蜜)을 가져갔다. 그런데 그들이 또다시 성경말씀으로 돌아왔을 때, 거기에는 이전과 똑같이 많은 화밀이 있었다. 사르밧 과부의 경우를 보자. 하나님의 능력에 의해 그녀의 통에는 가루가, 그녀의 병에는 기름이 결코 떨어지지 않았다(왕상 17:7-16). 이와 마찬가지로 성경의 모든 본문, 즉 주권자이신 주님의 말씀은 언제나 우리에게 귀한 영적 양식을 제공한다. 우리가 아무리 자주 찾아간다 할지라도, 우리가 아무리 절박한 상태에서 나아간다 할지라도 거기에는 언제나 양식이 넘친다.

우리는 우리 주님의 행하심에서 귀한 교훈을 배워야 한다. 다시 말해서, 면류관을 거부하고 혼자 산으로 가신 주님의 모습에서 교훈을 얻어야 한다. 만일 그때 예수님이 사람들의 면류관을 받으셨다면 이스라엘 사람들이 순식간에 구름같이 모여들었을 것이다. 그러나 예수님은 하나님의 뜻에 어긋나는 면류관을 받지 않으시고 오히려 하나님의 뜻에 부합하는 십자가를 택하셨다. 예수님의 이런 선택은 우리 각 사람에게 깊고 큰 교훈을 준다!

어떤 사람들은 십자가를 지기 전에 받는 면류관이 싸구려 양철로 만들어진 것이라는 사실을 깨닫는 데 오랜 시간이 걸린다. 이런 면류관은 겉만 번지르르하게 꾸민 싸구려 면류관이다. 이것을 자세히 들여다보면 거기에는 '지옥산(產)'이라고 적혀 있을 것이다. 이것은 하늘의 영광 가운데 내려온 면류관이 아니라 아래에서 올라온 면류관이다. 즉, 십자가를 지기 전에 영광을 받으려는 사람들에게나 어울리는 가짜 면류관이다.

### 십자가는 옆으로 제쳐놓고

이런 이야기를 하면 또 진부한 종교적 표현을 쓴다고 언짢아 할 사람들이 있을지 모르지만, 나로서는 "어떤 상황에서든 하나님의 뜻이 언제나 지고선(至高善)이다"라고 말하지 않을 수 없다. 예수님이 면류관을 거부하고 십자가를 택하신 것은 십자가가 하나님과 인류를 위해 하나님의 뜻 안에 있는 것이었기 때문이다.

하나님의 뜻에 부합하는 십자가를 지는 것을 두려워하지 말자. 하나님이 하나님의 적당한 때에 우리에게 십자가를 지게 하실 것이라고 믿자. 어찌하여 이 시대에 그토록 많은 사람들이 십자가는 살짝 제쳐놓고 면류관으로 직행하려고 애쓰는가?

우리 주님은 하나님 아버지의 뜻을 받아들이셨다. 주님은 이스라엘 사람들이 주께 드리려고 한 면류관은 거부하시고, 유대인들과 로마 군병들이 주는 십자가를 취하셨다. 그리고 주님은 3일 만에 다시 사셨다. 그리고 40일 후에는 제자들이 지켜보는 가운데 하나님의 우편으로 올라가셨다. 그리고 오늘날 하나님의 우편에 앉아 계신다.

이제 요한복음 6장의 사건으로 다시 돌아가자. 우리 주님은 산에 홀로 계실 때 무엇을 하셨을까? 주님은 기도하셨다! 기도의 사람, 예수 그리스도! 기도하는 자들의 모범이 되시는 예수님은 하늘에 계신 아버지와 대화를 나누셨다. 대화 중에 주님은 조금 전에 제자들과 헤어졌다고 말씀드렸을 것이다. 또한 배부름의 만족을 얻은 약 5천 명의 무리가 자신들의 무지(無知)로 인하여 주님을 억지로 왕으로 삼으려고 했던 일도 말씀드렸을 것이다.

무리의 인간적 계산에 의하면, 예수님은 혁명을 일으켜서 이스라엘을 로마의 압제로부터 해방시키실 수 있는 분이었다. 마치 구약에서 기드온 같은 사사(士師)들과 선지자들이 그랬듯이 말이다. 그러나 예수님은 그 무리가 어떤 자들인지 잘 아셨다. 예수님은 면류관을 쓰고 그 육신적인 무리를 백성으로 삼아 세상에 하나님나라를 건설하는 것이 최악의 시나리오라는 것을 잘 알고 계셨다.

설사 예수님이 그들을 백성으로 삼아 나라를 세우신다 하더라도 그렇게 되기 위해서는 그들이 많이 변해야 했다. 그들은 그토록 육신적인 사람들이었다! 그러므로 주님은 무지와 혼란에 빠져 있는 그들을 위해 기도하셨고, 주님의 양들을 위해 하늘에 계신 아버지께 기도하셨다. 그런데 지금도 주님은 그렇게 하신다! 다시 말해서, 하늘에서 주님의 백성들을 위해 기도하고 계신 것이다. 물론 이 말은 주님이 저 영광의 나라에서 언제나 무릎을 꿇고 기도하신다는 뜻이 아니라, 아버지와 늘 교제하신다는 뜻이다. 그래서 히브리서 기자는 "자기를 힘입어 하나님께 나아가는 자들을 온전히 구원하실 수 있으니 이는 그가 항상 살아서 저희를 위하여 간구하심이니라"(히 7:25)라고 증거하는 것이다.

### 말로 표현할 수 없는 것

우리 교회에서도 몇 번 설교한 적이 있는 맥스 라이크(Max Reich)는 몇 년 전 누군가로부터 그의 기도생활에 대해 이야기해달라는 부탁을 받았을 때 이렇게 대답했다.

"혼자 조용한 곳을 찾아 오랜 시간 무릎을 꿇고 기도하는 것만을 기도로 본다면 나는 비교적 '기도하지 않는 사람'에 속할 것입니다. 하지만 밤낮으로 어떤 상황에서든 하나님과 교제하는 것, 즉 계속적인 교제 중에 내 마음을 하나님께 쏟아놓는 것까지도 기도로 본다면 나는 '쉬지 않고 기도하는 사람'에 속한다고 할 수 있습니다."

나는 이런 후자의 기도가 우리 주님이 아버지의 보좌에서 우리를 위해 드리는 기도라고 믿는다. 주님이 하늘 아버지와 교제를 나누신다는 것은 우리 영혼이 하나님과 끊임없이 교제해야 할 필요성을 말해준다. 이런 교제와 교류는 말을 통해서 이루어지는 것이 아니다.

언젠가 나는 '무언(無言)의 예배'라는 제목으로 글을 쓴 적이 있다. 이 글에서 나는 인간의 언어(말)를 초월하는 예배가 있다는 것을 말하려고 애썼다. 결국 나는 "말로 표현할 수 있는 것은 모두 2급에 불과하다. 왜냐하면 말로 표현할 수 없는 거룩한 영성(靈性)이 있기 때문이다"라고 결론을 내렸다.

사실 사도 바울도 이런 거룩한 영성이 '말로 표현할 수 없는 것'이라고 말했다. 이런 것은 결코 사라지지 않는 영원한 것이다. 이런 맥락에서 우리가 기억해야 할 사실이 있는데, 그것은 하나님께서 우리로 하여금 동시에 두 차원에서 살도록 하셨다는 것이다. 우선 하나님은 우리가 종교적 차원에서 살도록 하셨는데, 이 차원에 속하는 사람들이 설교자, 예배인도자, 성가대, 오르간 연주자, 피아니스트, 편집자, 지도자 및 복음전도자이다. 이것은 종교이다. 이것은 하나님의 계획과 행하심 안에서 그 나름대로 의미가 있다.

그러나 우리의 종교적 활동에 속하는 외적인 것들을 초월해서 그것들보다 우월한 차원에는 그 모든 것들의 본질이 존재한다. 내가 강조하고 싶은 것이 바로 이 영적 본질이다. 나는 바로 이 영적 본질이 예수 그리스도의 교회 안에서 일어나는 우리의 교제와 친교에서 지극히 존중되어야 한다고 믿는다.

우리는 부흥회나 사경회를 많이 열지만, 그것들이 연례행사로서 끝나는 경우가 많다. 이런 행사들은 한계를 가지고 있기 때문에 축도 후에 사람들은 아무 소득 없이 집으로 돌아간다. 교회에 들어설 때보다 조금도 나아진 것이 없이 교회 문을 나선다. 이런 집회는 재앙이요, 두려운 것이다. 성경본문에서 시작하여 성경본문으로 끝나는 것, 성경본문 그 이상의 것을 보지 못하는 것, 바로 이 부분을 극복해야 한다!

### 성령충만의 주된 목적

눈에 보이는 것을 보지 못할 때, 만질 수 없는 것을 만지지 못할 때, 들을 수 없는 것을 듣지 못할 때, 인식을 초월하는 것을 깨닫지 못할 때, 우리는 '그리스도인으로서 내 경험에 본질적으로 문제가 있는 것이 아닌가?'라고 의심할 수 있다. 그렇다면 성경에서 바울의 말을 들어보자.

"하나님이 자기를 사랑하는 자들을 위하여 예비하신 모든 것은 눈으로 보지 못하고 귀로도 듣지 못하고 사람의 마음으로도 생각지 못하였다"(고전 2:9).

이런 이유 때문에 바울은 하나님께서 성령을 통해 이런 비밀을 우리에게 계시하셨다고 말한다(고전 2:10). 만일 우리가 성령을 우리의 종으로 삼으려는 시도를 중지하고 물고기가 물속에서 살듯이 성령 안에서 살기 시작한다면, 우리는 이제까지 알지 못했던 지극히 풍성한 영광 속으로 들어가게 될 것이다.

병 고침의 은사를 얻기 위해 성령을 원하는 사람들이 너무나 많다. 또 방언을 하기 위해 성령을 원하는 사람들도 많다. 또 어떤 사람들은 자신들의 복음 증거가 효과를 보도록 하기 위해 성령을 구한다. 물론 우리는 신약성경에서 이런 모습을 확인할 수 있다. 그러나 그렇다고 해서 우리가 하나님을 우리의 종으로 삼을 수는 없다. 부차적인 목적을 위해 하나님의 영으로 충만하게 해달라고 기도하지 말자. 하나님은 우리가 성령충만하기를 원하시는데, 그것은 우리가 다른 무엇보다도 하나님을 알고 하나님께 몰입하도록 하기 위함이다. 우리는 하나님의 아들이 우리 안에서 영광을 받으시도록 하기 위해 성령충만을 받아야 한다.

나는 여러 세기 전에 살았던 하나님의 경건한 성도들의 글과 찬송에 푹 잠기는 것을 좋아한다. 그들은 하나님께서 그들을 데려가실 때까지 이 땅에서 하나님과 동행한 사람들이다. 그들은 '참 기쁨 되신 예수'나 '구주를 생각만 해도 내 맘이 좋거든' 같은 노래를 이 땅에 남겼다. 과거 성도들의 이런 아름다운 삶과 사역에서 빛나는 하나님의 영광을 느낄 때, 나는 '어찌하여 우리는 이토록 고상하고 거룩하고 감동적인 것을 겸손한 마음으로 읽거나 부르거나 인용하지 않는가?'라는 의문이 생긴다.

### 폭풍 속의 교회

예수님은 사람들이 드리려고 했던 면류관을 거절하는 대신 홀로 산으로 가셨다. 사실 예수님이 산에 계신 것 자체가 기도였다. 하나님의 보좌 우편에서 주님이 끊임없이 사람들의 이름을 부르며 기도하고 간구하시는 것은 아니다. 어떤 사람들은 마음속의 두려움을 감추기 위해 쉬지 않고 말을 하는데, 주님은 그렇게 기도하시지 않는다. 주님이 하나님의 우편에 계신 것 자체가 우리를 위한 중보기도이다. 예수님이 아버지의 우편에 계신 것이 기도의 능력이며, 예수님의 기도는 하나님의 백성을 위한 기도이다. 즉, 나와 당신과 온 교회를 위한 기도이다.

갈릴리 바다를 배경으로 하는 이 드라마에서 오늘날의 교회 모습을 발견하는 것은 어려운 일이 아니다. 사도행전 1,2장을 통해 알 수 있듯이, 예수님이 승천하신 지 얼마 안 되어 오순절에 성령께서 제자들에게 강림하셨다. 그 뒤 그리스도의 교회는 풍랑이 이는 바다 위로 내몰렸다. 어두운 바다 위로 말이다. 그 후 이제까지 교회는 망망대해에서 표류하고 있다.

우리 주님이 승천하실 때 그 올라가시는 모습이 구름에 가려 제자들의 눈에 보이지 않았다. 그러자 세상의 빛이 사라지고 밤이 찾아왔다. 그전에 이미 주님은 "아직 잠시 동안 빛이 너희 중에 있으니 빛이 있을 동안에 다녀 어두움에 붙잡히지 않게 하라"(요 12:35)라고 경고하셨다.

세상에 밤이 임하고 교회가 오랜 세월 동안 어둠 속에서 일해 왔다는 것은 사실이다. 물론 그렇다고 해서 교회에 빛이 없었다는 말은 아니다. 내 말은 오랜 세월 동안 세상이 어둠 속에 있었고, 그것이 세상에게는 밤과 같은 상태였다는 말이다. '의로운 태양'이신 주님이 하늘로 올라가신 때부터 지금까지의 기간을 '암흑시대'라고 불러야 마땅하다. 왜냐하면 주님이 이 땅을 떠나신 이후 이제까지 온 세상이 어둠 가운데 있었기 때문이다.

제자들은 바다 위에 있었다. 그런데 바다는 가슴이 탁 트이는 기분 좋은 장소인 동시에 언제 풍랑이 일어 위험한 곳으로 변할지 모르는 장소이기도 하다. 오늘 고요했던 바다가 내일 갑자기 거센 풍랑이 이는 바다로 변할 수 있다. 오늘 수많은 배들을 평안과 고요함 가운데 품던 바다가 내일은 그것들을 바닷속으로 깊이 처박을 수 있다. 그런데 그날 밤, 제자들에게는 바다가 사나운 폭군의 모습으로 다가왔다. 바다는 파도가 높고 불안정해서 매우 위험했고 심지어는 그들을 죽일 수도 있었다!

성경에서 우리가 사는 세상은 때때로 바다에 비유된다. 사실 이 세상은 내가 방금 묘사한 바다와 별반 다르지 않다. 세계 각국의 지도자들이 회담 테이블에 둘러앉아 악수하고 건배한다. 함께 기념사진도 촬영한다. 겉으로는 친한 척하며 웃으며 농담을 주고받는다. 그러나 다음 날 그들은 원수로 돌변하여 기회만 닿으면 서로 죽이려고 한다. 우리가 사는 세상이 이렇게 믿을 수 없고 불안정하고 잔인한 곳이다.

### 접촉은 하되 섞이지 않는 관계

배와 바다의 관계는 좋은 비유가 될 수 있다. 이 둘의 관계는 '접촉은 하되 섞이지 않는 관계'이다. 교회와 세상과의 관계가 바로 이렇다. 세상은 분명히 존재하는데, 교회는 어떤 목적을 위해 이 세상에 존재한다. 감사한 것은 우리가 바다 '위에' 있다는 것이다. 제자들이 탄 배와 갈릴리 바다 사이의 관계는 우리와 세상 사이의 관계를 나타낸다. 이 관계는 '접촉은 하되 섞이지 않는 관계'이다.

우리는 제자들이 직면했던 문제와 동일한 문제를 가지고 있다. 바닷물은 항상 배 안으로 침투하려고 한다. 이와 마찬가지로 세상은 항상 교회 안으로 침투하려고 한다. 우리를 둘러싸고 있는 세상은 언제나 우리 안으로 들어와 우리가 물에 잠기기를 원하기 때문에 세상의 예쁜 것들을 우리에게 보여주며 "그렇게 나를 피하지 마세요. 좀 친하게 지냅시다. 문 좀 열어 줘요. 당신이 좋아할 선물이 내게 있어요"라고 속삭인다. 이렇게 세상은 교회에게 세상의 것들을 주겠다고 끊임없이 속삭이지만, 교회에게는 세상이 필요 없다! 사실 세상은 교회가 필요로 하는 것을 갖고 있지 않다.

과학적 발견과 교육의 발전을 통해서 신앙적으로 도움을 받았다고 말하는 사람들이 있다. 내 서재에는 작은 책이 한 권 있다(나는 방 안을 환기시키려고 할 때 이 책을 창문에 받쳐 놓는다). 이 책에는 '과학 속에서 만나는 하나님', '자연 속에서 만나는 하나님', '예술 속에서 만나는 하나님'과 같은 제목이 붙은 장(章)들이 있다. 이런 책에 의지하는 사람들에게 나는 "왜 당신은 뒷문을 통과해 하나님을 만나려고 애쓰는가?"라고 묻고 싶다. 당신은 투명한 유리창으로 된 건물을 통해 쏟아지는 빛 가운데서 하나님을 보지 않고, 어찌하여 지하실 창문을 통해 살며시 밖을 내다보며 하나님을 찾으려고 하는가? 우리는 우리 마음속 천장에 있는 채광창을 활짝 열고 하늘을 보며 하나님을 모셔 들여야 한다.

폭풍이 사납게 휘몰아친 그날 밤, 제자들은 틀림없이 배에서 물을 퍼내느라 진땀을 흘렸을 것이다. 왜냐하면 그들이 생사기로(生死岐路)에 섰기 때문이다. 그런데 오늘날의 교회도 역시 생사기로에 서 있다! 이 말을 인정하기 어렵겠지만, 사실이다.

1세기의 유대인들처럼 조상에게 기대면서 "우리 아버지는 아브라함이라"(요 8:39)라고 말한다고 해서 문제가 다 해결되는 것은 아니다. 세례 요한이 "속으로 아브라함이 우리 조상이라고 생각지 말라 내가 너희에게 이르노니 하나님이 능히 이 돌들로도 아브라함의 자손이 되게 하시리라 이미 도끼가 나무뿌리에 놓였으니 좋은 열매 맺지 아니하는 나무마다 찍어 불에 던지우리라"(마 3:9,10)라고 말한 것을 기억하라!

### 우리는 집을 향해 가고 있다

살아 계신 하나님은 우리의 교파와 교회 전통에 얽매이지 않으신다. 하나님은 우리의 종교적 계보를 유지하겠다고 약속하지 않으셨다. 하나님은 오직 모든 사람이 구원을 받고 진리를 깨닫게 되기를 원하신다. 하나님은 기독교 교파들을 유지하는 데 관심이 없으시다. 하나님은 예수 그리스도께서 피로 값 주고 사신 교회의 생명에 관심이 있으시다. 교파의 이름이 무엇이든 간에 교회가 영적인 교회가 되는 데 관심이 있으시다. 우리 주님은 교회가 몰아치는 파도를 이겨내는 데 관심이 있으시다. 이쪽 구멍으로 세상의 파도가 조금 들어오고, 또 저쪽 구멍으로 세상의 파도가 조금 들어오는 것을 그대로 내버려둔다면 결국 영적인 교회는 불가능해지고, 교회라는 배는 가라앉을 것이다.

배를 타고 갈릴리 바다를 건너고 있던 제자들의 목적지는 가버나움이었다. 가버나움은 당시 예수님과 제자들이 거처하는 동네였다. 그들이 배를 타고 집으로 돌아가고 있었지만, 그 시간은 밤이었다. 오늘날 그리스도의 교회는 집을 향해 가면서 수고하고 노를 젓지만, 때는 여전히 밤이다.

교회에 대한 이야기를 할 때, 즉 그리스도의 참된 교회에 대한 이야기를 할 때, 어떤 사람들은 지나치게 이상적으로 생각하기 때문에 현실을 제대로 인식하지 못한다. 다시 말해서, 노를 젓고 수고해야 하는 교회의 현실을 직시하지 못한다. 많은 사람들이 교회에 대해 이상적으로 생각하는 경향이 있기 때문에 교회라고 하면 깨끗이 정돈되고 품위 있게 장식되고 모든 면에서 아름다운 것을 떠올린다.

그러나 그날 밤 배 위에서 사투를 벌이던 제자들의 모습은 결코 이상적인 모습이 아니었다. 힘든 현실 속에서 발버둥 치는 모습이었다. 그들에게는 바다의 비릿한 냄새가 났을 것이다. 그들의 말투는 교육을 많이 받은 사람들의 말투가 아니었다. 그들은 배를 타고 집을 향해 가는 지극히 평범한 사람들이었다. 그들이 처한 상황은 이상적인 상황이 아니었다. 그들이 꼭 성스러운 것만을 대화의 주제로 삼지는 않았을 것이다. 서로 말다툼을 했을지도 모른다. 그들 중 한두 사람은 약간 삐쳐 있었을지도 모른다. 어쩌면 누군가는 맡은 일을 내팽개치고 어딘가에 틀어박혀 잠을 자고 있었을 것이다. 그렇지만 그들은 함께 집을 향해 가고 있었고, 예수님은 산에서 그들을 위해 기도하고 계셨다!

현재 그리스도의 교회도 이와 똑같은 상황이라고 볼 수 있다. 하나님의 백성들 사이에 여전히 서로 맞지 않는 것들이 있다. 바울 시대에도 그랬고 지금도 그렇다. 우리 가운데는 불완전한 것들이 많이 있다. 절대로 있어서는 안 되는 것들이 교회 안에 존재하는 것이 사실이다. 과거의 어느 날 밤, 제자들은 피곤하고 졸리고 집이 그리웠지만, 가버나움을 향해 가고 있었다. 그들의 처지는 결코 이상적이지 않았다. 그들은 지극히 인간적인 현실 속에 있었다. 하지만 주님은 그들을 소중하게 여기셨다. 그들을 사랑하시기 때문에 그들을 위해 기도하셨다.

### 우리 주님이 오고 계신다!

성경은 "예수는 아직 저희에게 오시지 아니하셨더니"(요 6:17)라고 기록하고 있다. 1, 2세기는 예수 그리스도의 교회에게 어두운 때였지만, 주님은 오시지 않았다. 콘스탄티누스 대제(272~337. 기독교를 공인한 황제) 시대에도 어두웠고, 끌레르보의 베르나르(Bernard of Clairvaux, 1090~1153. 프랑스의 대수도원장) 시대에도 어두웠고, 마르틴 루터가 설교할 때에도 어두웠다. 존 웨슬리가 묘비 위에 서서 설교할 때나 조지 폭스(George Fox, 1624~1691. 퀘이커 교파의 창시자)가 잉글랜드의 산과 골짜기를 다니며 말씀을 전할 때에도 어두웠다. 그러나 그런 모든 시대에 주님은 오시지 않았다. 아직도 때는 어둡고, 우리는 기다리고 있다. 우리는 인정하기를 싫어하지만, 우리가 절망 가운데 살고 있는 것은 사실이다.

갈릴리 바다에서 폭풍이 일어나고 거센 파도가 배를 때릴 때, 제자들은 틀림없이 "주님, 어디 계십니까?"라고 소리쳤을 것이다. 도덕적 타락의 폭풍에 맞아 파선 위기에 처한 오늘날의 교회들도 똑같이 그분께 소리치고 있다. 그러나 예수께서 분명히 약속하셨듯이 음부(陰府)의 권세가 주님의 교회를 이기지 못할 것이다(마 16:18). 교회들이 영적 무기력에 빠질 수는 있겠지만, 그리스도의 교회는 죽지 않는다. 하나님의 백성들로 구성된 그리스도의 교회는 결코 죽지 않을 것이다!

예수 그리스도께서 주님이심을 기억하라. 주님은 주님의 몸, 즉 교회의 머리이시다. 우리가 주님을 변호하기 위해 안간힘을 쓸 필요가 없다. 우리는 종종 세상이 복음을 더 잘 받아들이도록 하겠다는 의도에서 주님의 복음을 '솜사탕 복음'으로 만드는데, 주님은 이런 것을 좋아하지 않으신다. 주님은 우리가 주님을 변호하고 주님 때문에 논쟁을 벌이는 것을 원치 않으신다. 예수님은 어둠을 꿰뚫어 보신다. 교회가 풍랑 이는 바다에서 이리저리 떠다닐 때에도 주님은 교회를 손으로 꼭 붙잡고 계신다.

가장 적절한 시간에 산에서 내려와 사투를 벌이고 있던 제자들에게 오신 주님이, 가장 적절한 때에 하늘에서 내려오셔서 우리를 모아 아버지의 집으로 데리고 가실 것이다. 주님이 이 땅에 계시지는 않지만, 여기로 오고 계신다. 주님이 언제 우리 곁으로 오실지는 모르지만, 가장 적당한 때에 오실 것이다. 자기 백성을 사랑하셔서 깊은 관심을 가지고 지켜보시는 주님이 필요 이상으로 오랫동안 떨어져 계시지는 않을 것이다.

그러므로 두려워하지 말자. 우리 구주(救主)께서 바다 위를 걸어오고 계신다. 우리에게 오고 계신다. 어둠이 깊고 바람이 거세지만, 우리의 작은 배는 아버지의 집을 향해 나아가고 있다.

# 네 믿음은 어디 있느냐

| | | | | |
|---|---|---|---|---|
| 초판 1쇄 발행 | 2009년 3월 13일 | | | |
| 초판 11쇄 발행 | 2018년 5월 15일 | | | |
| 지은이 | A. W. 토저 | | | |
| 옮긴이 | 이용복 | | | |
| 펴낸이 | 여진구 | | | |
| 편집 | 이영주, 김윤향, 안수경, 최현수, 김아진, 배정아 | | | |
| 디자인 | 마영애, 노지현, 조아라 | | | |
| 기획·홍보 | 김영하 | | 해외저작권 | 기은혜 |
| 마케팅 | 김상순, 강성민, 허병용 | | 마케팅지원 | 최영배, 정나영 |
| 제작 | 조영석, 정도봉 | | 경영지원 | 김혜경, 김경희 |
| 이슬비전도학교 | 최경식 | | 303비전성경암송학교 | 박정숙 |
| 303비전장학회 & 303비전꿈나무장학회 | 여운학 | | | |

**펴낸곳**  규장

주소 06770 서울시 서초구 매헌로 16길 20(양재2동) 규장선교센터
전화 02)578-0003  팩스 02)578-7332
이메일 kyujang0691@gmail.com   홈페이지 www.kyujang.com
페이스북 facebook.com/kyujangbook  인스타그램 instagram.com/kyujang_com
카카오스토리 story.kakao.com/kyujangbook
등록일 1978.8.14. 제1-22

ⓒ 한국어 판권은 규장에 있습니다.
이 출판물은 저작권법에 의해 보호를 받는 저작물이므로 무단 전재와 무단 복제를 할 수 없습니다.

**책값** 뒤표지에 있습니다.
ISBN 978-89-6097-100-4  03230

---

## 규│장│수│칙

1. 기도로 기획하고 기도로 제작한다.
2. 오직 그리스도의 성품을 사모하는 독자가 원하고 필요로 하는 책만을 출판한다.
3. 한 활자 한 문장에 온 정성을 쏟는다.
4. 성실과 정확을 생명으로 삼고 일한다.
5. 긍정적이며 적극적인 신앙과 신행일치에의 안내자의 사명을 다한다.
6. 충고와 조언을 항상 감사로 경청한다.
7. 지상목표는 문서선교에 있다.

하나님을 사랑하는 자 곧 그 뜻대로 부르심을 입은 자들에게는 모든 것이 합력하여 善을 이루느니라(롬 8:28)

 규장은 문서를 통해 복음전파와 신앙교육에 주력하는 국제적 출판사들의 협의체인 복음주의출판협회(E.C.P.A:Evangelical Christian Publishers Association)의 출판정신에 동참하는 회원(Associate Member)입니다.